Axel Hambraeus

Der Burgvogt von Hohenwart

Verlag der
Francke-Buchhandlung GmbH
Marburg an der Lahn

Lizenzausgabe
mit freundlicher Genehmigung der
Christlichen Verlagsanstalt GmbH,
Konstanz

CIP-Kurztitelaufnahme der Deutschen Bibliothek

Hambraeus, Axel:
Der Burgvogt von Hohenwart / Axel Hambraeus. –
Marburg an d. Lahn: Francke, 1986.
(Edition C : J; Nr. 5)
ISBN 3-88224-489-5
NE: Edition C / J

Umschlaggestaltung: Litera
Gesamtherstellung:
St.-Johannis-Druckerei C. Schweickhardt
7630 Lahr-Dinglingen
Printed in Germany 22342/1986

INHALT

1

Das Burgtal

Im alten Frankenland standen vor Zeiten zwei Ritterburgen. Steil ragten sie zu beiden Seiten eines tiefen, dichtbewaldeten Tals empor. Durch dieses Burgtal führte die Straße, auf der die Kreuzfahrer ins Heilige Land gezogen waren.

Wie berichtet wird, wollte keiner von den Rittern auf den beiden Burgen am Kreuzzug teilnehmen. Als die Bernhardinermönche von Burg zu Burg wanderten, um die Ritter zu den Waffen zu rufen, da hatte manch einer sie verspottet. So auch die Ritter auf Burg Hohenwart und Burg Huttenstein. Doch als dann die Kreuzfahrer durch das Burgtal gezogen kamen, hatten die beiden Ritter jeder in seinem Turm gestanden, um sich den seltsamen Zug anzusehen. Es dauerte nicht lang, und die glänzenden Rüstungen, die wehenden Helmbüsche, die prächtigen Schilde und die blitzenden Waffen hatten in ihnen die Tatenlust erweckt. Bevor noch der Heerwurm vorübergezogen war, hatten sie beide, ohne sich miteinander zu verabreden, den Harnisch angelegt. Mit ihren Knappen und mit einer eilig zusammengestellten Ausrüstung hatten sie sich der Ritterschar angeschlossen. Doch war keiner von ihnen je wieder zurückgekehrt.

Auf den beiden Burgen warteten die Ritterfrauen und Kinder ein Jahr ums andere, aber weder der Ritter von Hohenwart noch der von Huttenstein kam jemals wieder.

Die Zeit ging dahin, ein Jahrhundert nach dem andern, und Wind und Wetter ließen die beiden Burgen allmählich verfallen.

In den Tagen, da diese Geschichte sich zutrug, stand Burg Huttenstein schon über ein Menschenalter leer. Ringsum in den Dörfern erzählte man sich, daß seit den Tagen der Kreuzzüge über dem Geschlecht derer von Huttenstein ein Unstern walte; denn alle männlichen Nachkommen stürben schon in jungen Jahren. Wo ehedem fruchtbare Wiesen und sonnenbeschienene Weinberge waren, stand nunmehr dichter, undurchdringlicher Wald, und in den Ruinen der schönen alten Burg nisteten Eulen und Turmfalken.

Auf Burg Hohenwart aber saß der alte Ritter Melchior und trank seinen Wein. Er ging immer noch gekleidet wie die Ritter zu alten Zeiten, mit dem Schwert an der Seite. Als seine Ehefrau noch lebte, jagte er das Wildschwein mit dem Speer und den Hasen mit dem Falken, und wenn er dann mit der Beute heimkehrte, war es jedesmal ein Fest. Da ließ er ins Horn stoßen, worauf die Gräfin auf den Söller trat und den siegesfrohen Gruß des Grafen entgegennahm.

Aber mit dieser glücklichen Zeit war es nun vorbei. Trüben Sinnes saß der Graf in seinem Turm, und jedesmal, wenn seine Tochter Bianca den Vater dreimal mit der flachen Hand auf den Tisch schlagen hörte, kam sie eilends herbei. Dann nahm Bianca den schweren Krug und ging hinab in das tiefe Kellergewölbe, zu dem nur sie und der Vater einen Schlüssel besaßen. Dort unten hatte der Graf zwölf Weinfässer stehen, die so groß waren, daß sie vom Fußboden bis zur Decke reichten. Als dem Grafen Melchior von Hohenwart einst eine Erbschaft zugefallen war, hatte er diese zwölf Fässer mit dem besten Wein füllen lassen. Darauf hatte er die Verwaltung der Burg und aller seiner sonstigen Besitztümer dem Vogt Bühlendorf überlassen und sich in seinem Gemach im

Burgturm zur Ruhe gesetzt. Es hieß, Graf Melchior versuche, die Trauer um die gute Gräfin im Wein zu ertränken.

Die Gräfin war gestorben, als Bianca ein Jahr alt war. Der Graf hatte sich einen Sohn gewünscht, und jahrelang ertrug er es nicht, seine Tochter zu sehen, die in der Obhut der alten Dörthe lebte. Doch als Bianca zu einem guten und schönen Mädchen heranwuchs, das seinem Vater nie widersprach, sondern ihn still und willig bediente, da wurde sie ihm immer teurer. Sie vermochte als einziger Mensch seine düsteren Gedanken zu verscheuchen und sein heftiges Wesen zu besänftigen, das ihn nur allzu oft aufbrausen ließ.

Mit den Jahren merkte Bianca, daß auf der alten Burg nicht alles so war, wie es sein sollte. Lange Zeit hatte sie es nicht besser gewußt, als daß ein Vater ein alter Mann sein mußte, der in seinem Turmgemach saß, über schweren Gedanken brütete und dem Burgvogt und der alten Dörthe, den Knechten und Mägden harte, bittere Worte an den Kopf warf. Sie meinte, wenn er nicht aß oder schlief oder jagte, dann müßte er vor seinem Weinkrug sitzen, bis man ihn zu Bett brachte.

Aber als Bianca von dem alten Pater Anselm in der Religion unterwiesen wurde und eine Zeitlang die Klosterschule besucht hatte, begann sie, das Leben besser zu verstehen und ihre Umgebung mit anderen Augen zu betrachten. Sie sah, daß die Burg verwahrloste, daß das Land nicht so bestellt wurde, wie es hätte sein müssen, daß der Weinberg verwilderte, und daß die alte Burgmühle, in der alle Leute aus der Umgebung ihr Korn gemahlen hatten, unbrauchbar geworden war. Wenn der Burgvogt mit seinen Büchern kam — und er paßte immer die Zeit ab, wenn der Graf lange beim Wein gesessen hatte —, nickte Graf Melchior und sagte: „Das besorgt der Vogt wohl am besten selbst." Aber wenn Bianca zum Vogt ging, um sich Geld für den Haushalt geben zu lassen, war oft kein Taler vorhanden. Bianca wagte nicht, es ihrem Vater zu sagen, sondern nahm lieber einige Münzen aus ihrem Dukatenschrein, den sie von ihrer Mutter geerbt hatte und an einem geheimen Platz verwahrte.

Etwas beunruhigte sie mehr als alles andere: der Wein im Keller ging zur Neige. Er war in letzter Zeit auf unerklärliche Weise immer weniger geworden. Elf von den großen Fässern waren schon leer, und im letzten Faß nahm der Wein erschreckend schnell ab. Bianca wußte ja nicht, daß sich der Vogt so manche Nacht in der Knechtsstube mit dem Wein aus dem Keller des Grafen betrank. Zwar hatte sie, wenn sie den Lärm aus der Knechtsstube hörte, bisweilen Verdacht geschöpft, sich aber solche Gedanken gleich wieder aus dem Kopf geschlagen. Wer konnte schon Wein aus einem Keller stehlen, der so gut verschlossen war! Der eine Schlüssel hing doch an ihrem Gürtel, der andere war in der Obhut ihres Vaters! Vogt Bühlendorf konnte wohl kaum den Schlüssel stehlen, während ihr Vater schlief. Jedenfalls sah Bianca mit Furcht dem Tag entgegen, an dem sie den Krug nicht mehr mit Wein füllen konnte.

Eines Nachts lag sie in ihrer Kemenate lange wach. Der Wind heulte um den Turm, die Eulen schrien. Aus der Knechtsstube drang das Lachen und Gröhlen betrunkener Männer. Die Flammen von den Eichenkloben in dem offenen Kamin ließen gespenstische Schatten an den Wänden tanzen.

Plötzlich wurde Bianca von einem bitteren Gefühl der Verlassenheit ergriffen. Sie fühlte sich so einsam, so schutzlos in dem großen Schloß. In dem Gemach unter ihrer Kemenate schlief der alte Vater, schwer vom Wein. In der Kammer neben ihr lag die alte Dörthe. Sie wurde in letzter Zeit sehr gebrechlich, und ihr Geist begann sich zu verwirren. In der Knechtsstube aber lärmte der Vogt mit den Knechten. Und des Vaters Reitknecht, dem man, wie es schien, Vertrauen schenken konnte, hatte der Vogt fortgejagt, weil er nicht nach seiner Pfeife tanzen wollte. Bianca erinnerte sich, wie der Vater den Vogt gebeten hatte, ihm einen neuen Reitknecht zu verschaffen, doch der Vogt hatte erwidert, daß kein junger Mann mehr auf Burg Hohenwart dienen wolle. Da hatte der Graf mit dem Schwert auf den Tisch geschlagen und gebrüllt, er werde sich selbst einen Reitknecht verschaffen. Der Vogt aber hatte dem Vater einen Blick zugeworfen, der so voller

Haß und Verachtung war, daß Bianca bis in die Seele erschrak. Ihr wurde klar, daß sie Hilfe brauchte. Es gab so vieles, was anders werden muße. Es war nicht getan mit einem neuen Reitknecht. Das Land mußte bestellt werden, die Mühle wieder in Gang kommen. Bühlendorfs Herrschaft mußte ein Ende haben, sollte nicht alles zugrunde gehen und das alte, stolze Grafengeschlecht ebenso an den Bettelstab kommen, wie es den Huttensteinern ergangen war. Aber wo sollte Bianca Hilfe finden?

Mit einmal wußte Bianca es. Am nächsten Morgen wollte sie in aller Frühe zu der alten Kapelle im Burgtal gehen, welche die Kreuzfahrer erbaut hatten, die aus dem Heiligen Land zurückgekehrt waren. Dort würde Bianca die Gottesmutter um Hilfe bitten. Und hierauf vertrauend schlief Jungfrau Bianca ein. Doch kaum hatte sie die Augen zugetan, als sich in der Ecke drüben am Kamin etwas regte. Über den Rand eines kleinen geflochtenen Weidenkorbes reckte sich ein Köpfchen mit zwei Augen wie zwei schwarze Perlen. Es war Pusio, Biancas kleiner Affe, kaum größer als eine Hand, aber sehr drollig und klug. Pusio sah sich um und kratzte sich hinterm Ohr. Mit ein paar Sprüngen saß er mitten auf den Fußboden. Dann schlich er vorsichtig zu Biancas Bett hin und hüpfte auf den Bettrand. Da war etwas nicht, wie es sein sollte, das fühlte Pusio. Er kratzte sich hinter dem anderen Ohr. Es war nicht nur, daß Bianca ihren kleinen Pusio den ganzen Tag vergessen hatte, es war noch etwas anderes. Pusio legte die Stirn in Falten. Halt, jetzt hatte er es! Bianca hatte vergessen, das Öllämpchen zu löschen, das in der Nische über dem Fußende des Bettes brannte. Er sprang auf das Fußende, streckte das Pfötchen aus, wie Bianca immer ihre Hand ausstreckte, und löschte die Flamme. Darauf huschte er wieder in sein Weidenkörbchen, steckte sich den Schwanzbüschel in den Mund und schlief ein.

2

Die Kreuzfahrerkapelle

Die Kapelle im Burgtal war eigentlich nur eine Felsengrotte, die mit Hilfe von grobbehauenen Steinblöcken und Mörtel zu einem Gotteshaus ausgebaut worden war. Wie die beiden Burgen begann auch sie zu verfallen. Die rostigen Angeln hielten keine Tür mehr. In den tiefen Fensternischen fehlten die Scheiben. Feucht, kalt und dunkel war es dort drinnen, doch in dem Dunkel schimmerte das Bild der Muttergottes mit dem Kind, ein Bild so schön und so voll Wärme, als lebte es. Rings um den Altar, auf dem das Bild stand, lief ein rostiges, mit kleinen Metallspitzen versehenes Eisengitter. Und auf diese Metallspitzen steckten die frommen Besucher ihre Kerzen, die sie bei einem alten gichtbrüchigen Mönch in der Nähe kaufen konnten. Das Muttergottesbild sollte nach einer alten Sage ein Ritter aus dem Heiligen Land mitgebracht haben, der es um viel Geld von einem sarazenischen Kaufmann gekauft hatte.

Es war noch nicht völlig Tag, als Bianca ihre drei Kerzen auf die Zacken vor dem Altar steckte und auf dem kalten Fußboden niederkniete. Die Augen geschlossen, verharrte sie lange im Gebet. Sie betete so inbrünstig, daß sie nicht gewahr wurde, wie die Leute kamen und gingen, wie neue Lichter auf dem Altargitter entzündet wurden und wieder verlöschten. Als sie ihr Gebet endlich beendete und sich erhob, war bereits die Sonne aufgegangen. Ein einziger Strahl drang durch die Fensteröffnung und fiel auf eine Gestalt, die neben ihr kniete.

Bianca zögerte ein wenig, ehe sie die Kapelle verließ, und betrachtete den Betenden. Es war ein junger, blonder Mann von ungewöhnlich hohem, kraftvollen Körperbau. Doch hatte Bianca noch nie einen so ärmlich gekleideten Menschen gesehen. Kaum eine Stelle gab es an seinem Gewand, die nicht geflickt war. Doch hingen keine Fetzen an ihm herunter; eine geschickte Hand mochte die Nadel geführt und das zerschlissene Gewand sorgfältig geflickt haben. Der Mann fühlte offenbar, daß ihn jemand beobachtete; denn er erhob sich plötzlich und blickte sich gehetzt um. Doch als er Bianca gewahrte, wandelte sich seine finstere Miene in ein wehmütiges Lächeln.

„Mein edles Fräulein“, sagte er, „ich sehe an Eurer Tracht, daß Ihr die Tochter eines Ritters seid. Kennt Ihr wohl jemanden in dieser Gegend, bei dem ich in Dienst treten könnte?“

Bianca fühlte, wie ihr Herz vor Freude klopfte. Ein inneres Gefühl sagte ihr, daß die Begegnung mit diesem Mann die Antwort auf ihr Gebet sei. Doch dann mußte sie an den Vogt Bühlendorf und die Knechte denken und wurde sogleich wieder von Unruhe ergriffen. Wie konnte ein einzelner Mann mit dieser finsteren Bande fertig werden? Sie dachte an den früheren Reitknecht, der mit Schlägen davongejagt worden war, als er es wagte, dem Vogt zu trotzen. Bevor Bianca sich noch recht bedachte, entfuhr ihr die Frage: „Fürchtet Ihr Euch vor Schloßvögten?“

Der junge Mann lächelte. „Ich fürchte niemanden als Gott“, erwiderte er „und wenn ich ein reines Gewissen habe, nicht einmal ihn.“

„Aber welche Arbeiten könnt Ihr denn verrichten?“ fragte Bianca.

„Ich habe mich in allem versucht, bin aber bei keiner Arbeit geblieben“, antwortete der Mann. „Jahrelang bin ich als wandernder Geselle umhergezogen. Ich kann eine

Mühle bedienen und eine Kalkbrennerei leiten, ich kann ein Gut verwalten und ein verfallenes Schloß wieder aufbauen. Und derlei Arbeit scheint es hier zu geben", fügte er hinzu und blickte zu den Höhen empor, auf denen sich die beiden Ritterburgen erhoben.

Bianca seufzte. „Ihr seid viel zu gut, um bei meinem Vater als Reitknecht zu dienen."

„Ein rechtschaffener Mensch ist für keine Arbeit zu gut", erwiderte der Mann. „Arbeit ist eines Mannes höchste Ehre."

„Aber Vogt Bühlendorf ist ein furchtbarer Mensch", sagte Bianca, „und mein Vater . . ."

„Euer Vater?"

„Mein Vater ist von sehr heftiger Gemütsart."

„Und Ihr glaubt, das könne mich davon abschrecken, einen Dienst anzunehmen, bei dem ich in Eurer Nähe sein darf?"

Bianca wagte nicht, seinem Blick zu begegnen, aber sie fühlte sich in diesem Augenblick sicher und geborgen. Sie hatte das Gefühl, daß ihr der junge Mann den Schutz gewähren konnte, den sie brauchte. Aber sie ließ sich ihre Freude nicht anmerken und sagte: „So folgt mir nach Burg Hohenwart. Wollt Ihr meines Vaters Reitknecht sein, so möge Gott Euch beistehen und es Euch lohnen!"

Es war ein merkwürdiges Bild, wie der ärmlich gekleidete Mann neben dem Edelfräulein auf das Schloß hinaufstieg. Immer wieder versuchte er, ein Gespräch in Gang zu bringen, doch Bianca schwieg gedankenverloren. Nach einer Weile fiel ihr ein Tüchlein zu Boden. Der junge Mann bückte sich rasch, um es aufzuheben, aber als er gerade danach greifen wollte, wurde es ihm von einer kleinen Hand weggerissen. Das Äffchen Pusio, das den ganzen Morgen in Biancas Gürteltasche geschlafen hatte, war aufgewacht und auf ihre Schulter geklettert, ohne daß der junge Mann es gemerkt hatte. Als er den kleinen possierlichen Affen gewahr wurde, mußte der junge Mann herzlich lachen und weckte so Bianca aus ihren Gedanken. Sie stellte ihr Tierchen vor und war bald mit ihrem Begleiter in ein lebhaftes Gespräch vertieft, das sich darum drehte, wie nötig die Burg eine bessere Verwaltung hätte.

Pusio war es gewöhnt, bei Bianca die erste Rolle zu spielen. Nun klammerte er sich neben Biancas Hals fest und schmollte; hin und wieder streckte er jedoch das Köpfchen vor und blickte mißvergnügt auf den jungen Mann. Doch jedesmal, wenn dieser ihn anlachte, streckte er ihm die Zunge heraus und zog sich gekränkt zurück.

3

Ein Kampf entscheidet

Der alte Ritter Melchior von Hohenwart schlug dreimal mit der flachen Hand auf den schweren Eichentisch. Sofort ertönten Schritte auf der Turmstiege, die Tür wurde geöffnet und Bianca trat ein. Bleich und zitternd griff sie nach dem Krug. Sie wußte, daß kein Tropfen Wein mehr im Keller war, hatte aber nicht den Mut, es zu sagen. Sie wollte gerade das Gemach verlassen, als ein wildes Geschrei vom Burghof heraufschallte. Bianca ließ den Krug vor Schreck zu Boden fallen, wo er in Stücke zersprang. Doch der Vater wurde es kaum gewahr, denn der Lärm schwoll zu einem Tumult an, aus dem Kampfschreie und Jammerrufe herauszuhören waren.

Vater und Tochter eilten ans Fenster und sahen den neuen Reitknecht in einem heftigen Kampf mit dem Vogt und den Knechten verwickelt. Drei der Knechte lagen schon wie leblos auf der Erde, die übrigen aber sprangen den Stallknecht wie eine Meute bissiger Hunde an. Jetzt rollte der vierte Knecht auf das Steinpflaster. Da blinkte hinter dem Rücken des Stallknechtes ein Messer auf. Bianca stieß einen Schrei aus, der wie ein Blitz in das Getümmel fuhr: „Das Messer, das Messer!“

Blitzschnell wandte sich der Stallknecht um, bekam einen Arm zu packen, drehte ihn um und schleuderte Messer und Angreifer weit von sich. Nun blieben nur noch der Vogt und ein Knecht übrig. Der Knecht war bald erledigt, aber im selben Augenblick warf sich der Vogt mit seinem ganzen Gewicht von hinten her auf seinen Gegner. Der Reitknecht stürzte vornüber und schlug sich das Gesicht an den Steinen des Burghofs blutig.

Als Bianca sich hilfesuchend an ihren Vater wenden wollte, merkte sie, daß sein Platz neben ihr leer war und daß der Ritter unten auf den Hof kam. Sie traute ihren Augen nicht recht, als sie ihn dort stehen sah. In letzter Zeit kannte sie ihn kaum anders als schwermütig oder zornig, und nun stand er dort unten und lachte aus vollem Halse. Seit seiner Jugend hatte er keine solche Schlacht mehr gesehen und mit lauten Zurufen feuerte er die Kämpfenden an. Der Vogt und der Reitknecht wälzten sich verbissen auf dem Burghof. Nacheinander kamen die Knechte wieder auf die Beine. Der Messerstecher wollte sich erneut einmischen, doch der Graf brüllte ihn an, er solle ihm nicht mehr unter die Augen kommen. Die andern humpelten heran und stießen anfeuernde Rufe aus. Sie vergaßen die eigenen Verletzungen und schlossen Wetten auf den Sieg ab.

Einen solchen Kampf hatte der Burghof noch nicht gesehen. Der Vogt war ein furchtbarer Gegner, aber er hatte zu viel Wein im Blut. Der Reitknecht dagegen besaß einen klaren Kopf. Er war abgehärtet und verfügte über die Ausdauer der Jugend. Für Vogt Bühlendorf begann es bald bedrohlich auszusehen. Aber sooft ihn der Reitknecht auch niederschlug, er kam wieder auf die Beine, und das Spiel begann von neuem.

Bianca sah voller Staunen auf ihren Vater. Er schien auf einmal um zehn Jahre verjüngt zu sein. Er klatschte in die Hände, sprang umher, und jetzt hielt er nicht mehr zum Vogt, sondern zum Reitknecht. Das brachte den Vogt vollends zur Raserei. Er machte einen neuen Ausfall und benahm sich dabei völlig unbesonnen, während der Reitknecht immer ruhiger wurde, je gewisser ihm der Sieg war. Ganz flüchtig sah er zu Bianca im Schloßturm hinauf, dann vollführte er einen letzten furchtbaren Schlag, und schon lag der Vogt jammernd am Boden und vermochte sich nicht mehr zu erheben.

Der Graf ging zu dem Reitknecht hin und reichte ihm die Hand. „Jetzt seid Ihr Vogt auf Burg Hohenwart", sagte er. „Ich habe schon lange gemerkt, daß Ihr zu mehr als zu einem Reitknecht taugt, und von Bühlendorfs Regiment habe ich genug. Wie ist Euer Name, tapferer Junge?"

„Meines Namens bin ich noch nicht würdig", sagte der neue Vogt. „Nennt mich, wenn Ihr wollt, Ignotus."

„Ignotus", sagte der Graf sinnend, „das klingt nach Latein, und ich habe mein Latein vergessen. Aber kommt jetzt mit mir in mein Gemach, dort mag Bianca Eure Wunden verbinden, während Ihr uns berichtet, wie es zu diesem Streit kam."

4

Der neue Burgvogt

„Eigentlich müßtest du uns gleich Wein holen, Bianca, aber zuerst soll Ignotus berichten, wie er mit dem Vogt in Streit geriet.“

Der Graf setzte sich vor seinen leeren Becher, während Bianca heilende Salben und reines Leinen herbeiholte, um dem neuen Vogt die Wunden zu verbinden, was diesem höchst unnötig zu sein schien.

Nachdem Bianca zurückgekehrt war, begann Ignotus zu erzählen? „Wir sollten heute mit dem Frühjahrspflügen beginnen, was von Tag zu Tag verschoben worden war. Und es hat den Vogt geärgert, daß ich immer wieder darum bat, mit dieser Arbeit anzufangen. Alle anderen Felder hier in der Gegend sind schon lange gepflügt.

Da kamen nun heute einige Knechte mit den Zugpferden. Ich habe noch nie so jammervolle Gäule gesehen. Sie waren nicht nur schlecht gefüttert, sondern auch so verkommen, daß der Staub um sie wirbelte und der Schmutz nur so von ihnen herunterrieselte.

Ich sagte zu dem Vogt, der gerade in der Nähe stand: ‚Die Gäule sind schändlich schlecht gestriegelt.‘

‚Dann striegle doch du sie!‘ erwiderte er wütend.

‚Das werde ich mit Freuden tun‘, sagte ich und führte die Pferde in den Reitstall.

‚Was meint Ihr, Kerl?‘ schrie der Vogt.

Ich erwiderte kein Wort und striegelte die Pferde.

Nach einer Weile kam ein anderer Knecht in den Stall und sagte: ‚Der Vogt hat mir befohlen, die Pferde hinauszuführen.‘

‚Und mir hat er befohlen, sie zu striegeln‘, entgegnete ich.

Der Knecht ging.

Nach einer Weile kam ein anderer Knecht.

‚Der Vogt will die Pferde haben‘, sagte er.

‚Erst müssen sie auf sein Geheiß gestriegelt werden‘, antwortete ich.

Wieder nach einer Weile kam der Vogt selbst in den Stall. ‚Tölpel!‘ brüllte er.

‚Der Tölpel bist du selbst!‘ brüllte ich zurück.

Da stürzte er sich auf mich. Aber mir schien, es sei besser, bei dieser Schlägerei Zeugen zu haben, und deshalb wich ich aus, so daß er mit dem Kopf gegen die Wand rannte. Und als ich auf den Hof hinauskam, fiel der ganze Haufe über mich her. Das übrige kennt Ihr ja, Herr Graf.“

Der Graf lachte. „Ja, das übrige kenne ich. Aber darauf wollen wir jetzt einen großen Humpen Wein leeren, mein lieber Ignotus.“

„Ich trinke keinen Wein, Herr Graf.“

Der Graf starrte seinen Vogt an. „Ihr trinkt keinen Wein? Ja, was tut Ihr denn dann?“

„Ich arbeite, Herr Graf.“

Der Graf mußte wieder lachen. „Ihr seid der spaßigste Kerl, der mir in meinem ganzen Leben begegnet ist. Keinen Wein trinken! Aber dafür trinke ich! Bianca!“

„Ja, Herr Vater!“

„Bring Wein her!“

„Es ist kein Wein mehr da, Herr Vater.“

Wenn die Decke eingestürzt wäre, hätte der Graf nicht erschrockener aussehen können. Und wenn ihm zehn Schloßvögte das Gallenfieber an den Hals geärgert hätten, hätte er nicht wütender dreinschauen können. Er zog sein Schwert und schlug damit auf den Tisch. Als darauf nichts geschah, steckte der Graf Melchior von Hohenwart das Schwert wieder in die Scheide und fragte brüllend: „Warum ist kein Wein da?"

Nun hatte der Affe Pusio von Biancas Schulter aus nicht nur die Rauferei im Schloßhof aufmerksam verfolgt, sondern auch das Gespräch zwischen dem Grafen und Ignotus beobachtet. Als nun der Ritter mit dem Schwert auf den Tisch schlug, sprang Pusio flugs von Biancas Schulter auf den Tisch hinunter, ergriff den Hirschfänger des Grafen und schlug knallend damit auf den Tisch. Danach reckte er sich zu seiner ganzen Höhe empor und blinzelte mißbilligend zu Ignotus hinüber. Der kleine Pusio sah so drollig aus, als er den wütenden Schloßherrn nachzumachen versuchte, daß nicht einmal der Graf ernst bleiben konnte. Er hatte lange nicht gelacht, der gute Graf, und jetzt erlebte er zum zweiten Mal an diesem Tag etwas Vergnügliches. Aber plötzlich erinnerte er sich wieder des leeren Weinkellers. Und nachdem er den Hirschfänger in die Scheide gesteckt und Pusio auf Biancas Schulter gesetzt hatte, fragte er, wenn auch in ruhigerem Ton als vorher: „Warum ist kein Wein da?"

„Weil Ihr ihn ausgetrunken habt, Herr Vater", antwortete Bianca.

Graf Melchior schüttelte den Kopf.

„Unmöglich", sagte er.

Er wandte sich an seinen neuen Vogt.

„Ignotus!" sagte er. „Was haltet Ihr von der Ehrlichkeit des Vogtes?"

„Darüber steht mir kein Urteil zu", antwortete Ignotus, „aber ich wäre dankbar, wenn Ihr mich in meine neue Arbeit als Verwalter des Schlosses einsetztet, denn es ist höchste Zeit, daß der Pflug in die Erde kommt, wenn man vor Beginn des Herbstes etwas herausholen will."

„Gut", sagte der Graf. „Kommt mit! Laßt uns Bühlendorf aufsuchen. Er hat ebenfalls ein Pflaster nötig."

Doch Vogt Bühlendorf war nirgends auf der Burg zu finden. Auch die Bücher mit den Abrechnungen fehlten. Und als der Graf das Gesinde einem Verhör unterzog, stellte es sich heraus, daß auch zwei der Knechte verschwunden waren.

Man mußte bald erkennen, daß die ganze Burg und die dazu gehörenden Ländereien sich in einem sehr betrüblichen Zustand befanden. Graf Melchior geriet zunehmend in Wut, um aber bald darauf wieder ernüchtert zu werden. Nicht nur der Weinkeller war leer, auch sämtliche Vorräte gingen zu Ende. Das Vieh hatte kein Futter, das Vorratshaus war wie leergefegt.

Graf Melchior von Hohenwart, der sich noch eben für einen reichen Mann gehalten, entdeckte plötzlich, daß er kaum das tägliche Brot hatte. Als er diese Feststellung gemacht hatte, zog er sich wütend in sein altes Turmgemach zurück und schlug dreimal mit der flachen Hand auf den Tisch.

Aber nicht die gefügige Bianca trat ein, sondern der neue Verwalter. Und bevor noch der Graf den Mund auftun konnte, um ihn davonzujagen, hatte der Burgvogt vielerlei vorgebracht, was die Arbeit an der Burg betraf. Doch begnügte er sich nicht damit, Befehle entgegenzunehmen, er wollte den Grafen auch überall mit dabei haben. Das ging anfangs zwar nur langsam, doch schließlich steckte der frohe Arbeitseifer des Vogtes den Grafen an. Manchmal streiften sie den ganzen Tag über durch die Felder und Wiesen, im Wald und in den alten Steinbrüchen umher. Sie kamen überein, daß die alte Schloßmühle wieder instandgesetzt werden müßte, und der Graf begann sogar eigenhändig damit, den Weinberg in Ordnung zu bringen. Abends war er dann so müde, daß er buchstäblich in sein Bett fiel, und morgens wachte er mit einem ihm ganz neuen Gefühl der Lebensfreude auf.

Der Arbeitseifer des Vogtes brachte allmählich die ganze Burg in Schwung. Wo man vordem harte Wort und

Zank gehört hatte, ertönten jetzt frohe Lieder. Und nachdem die erste Ernte eingebracht war, feierte man in der Gesindestube ein großes Fest, wie die Leute es seit dem Tod der alten guten Gräfin nicht mehr erlebt hatten. Endlich war Mehl in den Kästen, Wurst und Schinken in der Räucherkammer, Wolle auf den Kämmen und Wein im Keller. Und jetzt war der Graf so eifrig bei der Arbeit und so an frische Luft in Wald und Feld gewöhnt, daß er nur mehr selten die Zeit fand, um sich in seinem Gemach hinter den Weinkrug zu setzen.

5

Die Mutter

Als Ignotus drei Jahre auf dem Schloß war, kam eines Tages ein kleiner Knabe den steilen Weg gewandert, der vom Burgtal zur Burg Hohenwart hinaufführte. Er fragte alle Leute, denen er begegnete, nach dem Schloßvogt und wurde bald hierhin, bald dorthin gewiesen. Schließlich fand er den Vogt im Weinberg, wo Ignotus dem Grafen und Bianca beim Beschneiden der Weinstöcke half, dieweil der Affe Pusio umhersprang und nach vorjährigen Trauben suchte, die zu Rosinen eingetrocknet waren. Als der Knabe sein Anliegen vorgebracht hatte, warf Bianca, die in der Nähe stand, zufällig einen Blick auf das Gesicht des Vogtes. Zum ersten Mal sah sie ihn unschlüssig. Sie ging zu ihm hin.

„Was will der Kleine?" fragte sie.

„Meine Mutter ist erkrankt", sagte er. „Entweder muß ich nun die Burg verlassen und zu ihr reisen oder um die Erlaubnis bitten, sie zu mir zu holen."

„Eure Mutter lebt noch?" fragte Bianca.

„Ja, sie lebt und hat sich bisher durch ihrer Hände Arbeit ernährt, aber jetzt kann sie sich nicht mehr selbst helfen."

„So laßt sie doch herholen", rief Bianca, „auf Schloß Hohenwart ist reichlich Platz."

„Erst muß ich wissen, ob Euer Vater nichts dagegen hat."

„Ich will ihn sogleich fragen", erwiderte Bianca und eilte zu ihrem Vater, der sich einen Augenblick im Schatten der Weinbergmauer ausruhte.

„Nun, was hat Euer Vater geantwortet?" fragte Ignotus, als Bianca rasch atmend und von der Sonne erhitzt zurückkam.

Bianca lachte. „‚Ein Frauenzimmer mehr oder weniger auf dem Schloß macht mir keine Sorge', hat er gesagt. Aber beeilt Euch jetzt, Eure Mutter zu holen! Nehmt zwei Pferde und einen bequemen Wagen und bestellt ihr, sie sei auf Schloß Hohenwart herzlich willkommen!"

Ignotus ergriff Biancas Hand und küßte sie. „Ihr seid sehr gütig, edles Fräulein", sagte er. „Viel zu gütig. Jetzt stehe ich noch tiefer in Eurer Schuld, und weiß nicht, wie ich es Euch je vergelten soll."

Bianca zog errötend ihre Hand zurück. „Ihr habt uns allen so viel Gutes erwiesen, Herr Ignotus. Ihr habt meinen Vater vor dem Untergang bewahrt, und Ihr habt auch mich gerettet." Die letzten Worte waren kaum hörbar.

Ignotus wandte sich hastig ab und eilte so rasch fort, daß der Knabe kaum folgen konnte.

Bianca blickte ihm nach. „Er ist wie der Blitz", sprach sie zu sich selbst. „Jedesmal, wenn ich ihn sehe, muß ich an die jungen Ritter denken, die vor Zeiten ins Heilige Land zogen." Und während Bianca die Weinranken aufband, summte sie leise ein altes Lied, das Dörthe sie einst gelehrt hatte:

Mein Ritter, mein Ritter,
was gehst du fort von mir?
Zu weih'n mein Leben Christi Grab,
geh ich jetzt fort von dir.

Mein Ritter, mein Ritter,
kommst wieder du zu mir?
Wenn Christi Grab ist worden frei,
komm wieder ich zu dir.

Mein Ritter, mein Ritter,
du kommest nimmermeh'!
Im Himmelreich, wo Christus wohnt,
ich dich einst wiederseh.

Der Burgvogt bewohnte zwei Räume im Torturm über der Zugbrücke. Als Ignotus diese Zimmer in Besitz nahm, waren sie vollkommen verwahrlost. Der frühere Vogt hatte sich meistens in der Knechtsstube aufgehalten, wo die Knechte aßen und schliefen. Aber nachdem Ignotus die Räume gesäubert und den alten Hausrat instand gesetzt hatte, waren die Zimmer des Vogtes die gemütlichsten auf der ganzen Burg. Von den Fenstern aus hatte man die schönste Aussicht über das Burgtal und auf Schloß Huttenstein, das auf der gegenüberliegenden Höhe lag. Die Fenster führten in alle vier Himmelsrichtungen, so daß der Burgvogt jederzeit auch den Hof überblicken konnte, wie es sein Amt verlangte.

Während Graf Melchior ein Schläfchen im Schatten der Weinbergmauer hielt, beeilte sich Bianca, eines der Gemächer im Torturm mit Hilfe einer Dienerin für Ignotus' Mutter herzurichten. In das alte Himmelbett legte sie die weichsten Daunenkissen und das feinste Linnen. Sie ließ mit Eichenkloben ein Feuer in dem offenen Kamin machen. Sie sorgte dafür, daß Milch und Wein, Brot und Butter und gebratenes Geflügel auf dem Tisch stand, und sie schmückte das Zimmer mit Laub und Blumen wie zu einem Fest.

Als schon die Abendsonne in die Fenster leuchtete, kam Ignotus mit seiner Mutter gefahren. Auf seinen starken Armen trug er sie die knarrende Treppe zu seiner Behausung empor. Bianca, die im Turmfenster stand, konnte nur einen flüchtigen Blick auf die kleine Frau mit dem sanften, freundlichen Gesicht werfen.

Am folgenden Tag jedoch, als ihr Vater und Ignotus auf der Wildschweinjagd waren, ging sie hinauf und begrüßte Frau Käthe, wie Ignotus seine Mutter vorstellte. Diese dankte tief gerührt für alles, was Bianca für sie getan hatte, und auch dafür, daß sie nach Schloß Hohenwart habe kommen dürfen. Bianca empfand vom ersten Augenblick an eine warme Zuneigung für Ignotus' Mutter, und die beiden wurden mit der Zeit gute Freunde. Und als dann die alte Dörthe starb, trat Frau Käthe bei Bianca als Vertraute an deren Stelle.

Es zeigte sich bald, daß Frau Käthe unter Biancas und ihres Sohnes guter Pflege neue Kräfte bekam. Bald konnte sie aufstehen, und schließlich vermochte sie den kleinen Haushalt im Torturm zu versorgen. Aber sie ging ungern aus, und dem Grafen begegnete sie nie. Wenn er auch wußte, daß sie sich auf der Burg aufhielt, so ließ er es sich jedenfalls nicht merken. Doch Bianca trug oft ihren Stickrahmen in Frau Käthes Gemach hinauf, wo der Spinnrocken selten ruhen durfte, und verweilte dort, bis Ignotus von seiner Arbeit kam, oder der Graf ihr sagen ließ, daß er sie an der Tafel erwarte. Oft wäre Bianca gerne in der traulichen Vogtstube geblieben, um mit Ignotus und seiner Mutter das einfache Mahl zu teilen, schon um nicht steif und feierlich in Gesellschaft des Vaters in dem alten Speisesaal zu sitzen, wo nach alter Sitte während der Mahlzeit nur selten ein Wort gewechselt wurde.

6

Der Kalkbrenner

Eines Tages, als der Graf und Ignotus nach der Jagd an einem Berghang ausruhten, bückte Ignotus sich plötzlich und untersuchte ein paar Steine.

„Was ist das?“ fragte der Graf.

„Das ist Kalkstein“, antwortete Ignotus.

Der Graf lachte. „Ich müßte wohl wissen, daß alles Gestein hier in der Gegend Kalkstein ist“.

„Ja, aber die Burg ist aus Sandstein errichtet“, sagte Ignotus.

„Natürlich, wo sie neben einem uralten Sandsteinbruch erbaut ist.“

„Wenn man aus Sandstein eine Burg machen kann, dann kann man wohl aus Kalkstein auch Geld machen“, überlegte Ignotus.

Der Graf erwiderte lachend: „Wenn Ihr für den Kalkstein hier auf Hohenwarter Gebiet Geld bekommt, dürft Ihr es gern behalten.“

„Gebt Ihr mir darauf Euer Ehrenwort, Herr Graf?“

„Darauf gebe ich mein Ehrenwort“, erwiderte der Graf.

„Es ist von altersher Brauch, daß derjenige, der eine Grube entdeckt, einen Mutschein haben muß, bevor er mit dem Abbau beginnt. Wollt Ihr mir einen Mutschein auf diesen Kalkberg ausstellen?“

„Gerne“, erwiderte der Graf, der die Sache nicht sehr ernst nahm.

Noch am selben Abend wurde ein Vertrag aufgesetzt, worin der Graf seinem Vogt den Berg zum Abbau überließ.

Es währte nicht lange, da war der Abbau schon in vollem Gang. Mit Staunen sah der Graf, wie die Bauern mit Karren, Spaten und Stangen gezogen kamen. Er sah, wie ein Kalkofen entstand, und wie immer mehr kalkbeladene Fuhren die Straße durch das Burgtal entlangrollten.

Ignotus hatte ein bemerkenswertes Geschick, die Leute bei der Arbeit am richtigen Platz einzusetzen. So konnte er seine freie Zeit immer mehr im Kalkbruch verbringen, und abends kam er oft ganz weiß bestäubt von Kalk zu seiner Mutter und Bianca. Von den Leuten in der Gegend erhielt er den Namen Kalkbrenner, und es ging das Gerede, daß er mit dem Verkauf des Kalkes viel Geld verdiene.

Graf Melchior hatte sich anfangs über das seiner Ansicht nach verstiegene Vorhaben, Kalk zu brechen und zu brennen, lustig gemacht. Aber als er dann den ganzen Tag die Fuhren unterhalb der Burg vorüberfahren sah, begann er zu bereuen, daß er Ignotus so leichtsinnig das Mutungsrecht auf seinen eigenen Kalkberg übertragen hatte. Er fing an, darüber nachzugrübeln, so daß die alte Schwermut wieder über ihn kam. Seit Ignotus seine Mutter zu sich genommen und außerdem nun so viel im Steinbruch zu tun hatte, nahm er sich nicht mehr die Zeit, dem Grafen sooft wie früher Gesellschaft zu leisten. Manchmal mußte der Graf, wenn er auf die Jagd ging, statt des Vogtes den neuen Reitknecht mitnehmen, und abends war er oft allein.

Eines Tages nun überfiel ihn tiefe Schwermut. Er schlug mit der flachen Hand dreimal auf die Tischplatte, aber keine Bianca kam, um ihm den Weinkrug von neuem zu füllen. Nochmals schlug der Graf dreimal auf den Tisch. Da kam das Äffchen Pusio durch das Katzenloch in der Tür hereingelaufen. Pusio sprang auf den Tisch, setzte sich vor den Grafen hin, streckte die Hände seitwärts und schüttelte den Kopf, als wolle er sagen: „Tolle Sitten sind das hier!“ Doch diesmal war der Graf nicht zum Lachen aufgelegt. Zornentbrannt stand er auf und schlug mit seinem Schwert auf den Tisch, daß Pusio sich mit einem Sprung auf den Leuchter rettete und dort hin und her schaukelte.

Der Graf schlug noch einmal mit seinem Schwert auf den Tisch und rief: „Bianca!“ daß es in den alten Ritterrüstungen summte.

Pusio blickte sich um. Mit einem weiten Sprung landete er in dem Schlitz eines alten Helms. Von dort aus wartete er ab, was jetzt kommen würde.

Der Graf war in fürchterlicher Laune.

„Bin ich nicht mehr Herr im eigenen Hause?“ schrie er.

Pusio nickte, als wollte er sagen: „Gewiß bist du der Herr, sogar ein sehr feiner Herr, und was für eine kräftige Stimme du hast!“

Aber dann wurde es Pusio müde, dazusitzen und den Grafen zu beobachten. Er beschloß, das Innere der alten Rüstung zu untersuchen, ob er dort vielleicht etwas Eßbares finden könne, denn Bianca hatte vergessen, ihm etwas zum Fressen hinzustellen. Aber in dem stählernen Haus fand sich nichts für den kleinen Pusio. Als er wieder unter dem Visier des Helms hervorlugte, sah er, wie der Graf mit großen Schritten aus dem Saal eilte.

„Was soll das heißen?“ rief Graf Melchior. „Bin ich nicht mehr Herr im eigenen Hause?“

Voll zornigem Eifer rannte er die Treppen zu Biancas Gemach hinauf. Es war leer. Seit langem hatte Graf Melchior das Gemach seiner Tochter nicht mehr betreten. Er kannte es kaum wieder. Wo früher ein kleines Mädchen gewohnt hatte, hauste jetzt ein junges Weib. Verwundert sah er sich um. An den Wänden hingen überall neue Teppiche, die seine in den Künsten wohlgeübte Tochter gewebt oder gestickt hatte. Es waren Bilder von der Arbeit auf der Burg oder auf den Ländereien: vom Pflügen, Säen und Ernten, vom Weinberg, es waren frohe Jagdszenen, aber im Mittelpunkt stand überall dieselbe Gestalt, ein hochgewachsener, blonder junger Mann mit den Zügen seines Burgvogts.

Graf Melchior murmelte etwas in den Bart und verließ das Gemach seiner Tochter wie jemand, der ein Herzensgeheimnis gestohlen hatte. Er ging von Zimmer zu Zimmer und fragte nach Bianca. Sie war nicht in der Küche, nicht im Webraum, nicht in der Milchkammer und nicht im Vorratshaus. Niemand wagte zu sagen, wo sie war, obwohl alle wußten, daß sie oben bei Fräu Käthe im Vogtturm saß.

Aber der Graf war entschlossen, seine Tochter zu finden.

Im Vogtsturm war er nicht mehr gewesen, seit er als kleiner Knabe dort umhergetollt war. Die schmale Stiege knarrte unter seinen Tritten. Er riß die Tür auf und trat ein. Seine hohe Gestalt reichte fast bis zu den weißgetünchten Deckenbalken. Im äußeren Gemach war keine Menschenseele, aber aus dem Raum nebenan ertönten helle Stimmen, und er vernahm eine wegen des surrenden Spinnrads ein wenig laut geführte Unterhaltung. Er unterschied die Stimmen von Bianca und die einer anderen Frau.

Der Graf verachtete Leute, die an den Türen horchten, aber sein Argwohn im Verein mit seinem gekränkten Stolz als Hausherr machten ihn in diesem Augenblick zum Narren. Zuerst hatte er geglaubt, es seien Ignotus und Bianca, die dort drinnen miteinander sprachen. Als er hörte, daß Ignotus nicht zu Hause war, fühlte er sich sehr beruhigt. Er wollte sich schon zurückziehen, doch er wurde von der zweiten, freundlichen Stimme und von dem, was sie erzählte, so gefesselt, daß er stehenblieb und horchte. Er vernahm eine Sage, die dunkle Erinnerungen in ihm wachrief. Er hörte die Geschichte eines alten Rittergeschlechts mit Ahnen aus der Zeit der Kreuzzüge. Auf dem Geschlecht ruhte der Fluch, daß alle Männer im besten Alter sterben mußten. Wenn es nicht schon vorher geschah, so mußten die Ritter aus diesem Geschlecht kurz nachdem sie geheiratet hatten, sterben und Frau und Kind verlassen; denn es wurde in dem Geschlecht selten mehr als ein Kind vor dem Tod des Vaters geboren. Der Fluch lastete auf dem Geschlecht, seit einmal in alter Zeit ein Ritter einen armen, häßlichen Mönch verlachte, der ihn aufgefordert hatte, am Kreuzzug teilzunehmen. Der Sage nach hatte es sich folgendermaßen zugetragen: als der Ritter sich im Burgsaal vor allen Edelknaben über ihn lustig machte, hatte der Mönch die Hände erhoben und gesagt: „Jung sollst du sterben, und alle Männer deines Geschlechts sollen ebenso jung sterben, bis einmal eine edle Jungfrau einen aus diesem Geschlecht liebt, obwohl er arm und häßlich ist!“ Es kam, wie der Mönch vorausgesagt hatte, erzählte die Stimme im Gemach. „Der Ritter nahm am Kreuzzug teil und fiel im Heiligen Land. Kurz danach bekam seine Gemahlin einen Sohn, und auch an ihm erfüllte sich die Prophezeiung. Die alte Burg stand seitdem verlassen. Alle Witwen und Waisen aus diesem Geschlecht aber mußten umherwandern und sich ihr Brot im Schweiße ihres Angesichts verdienen.“

Graf Melchior schlich leise die Treppe hinunter. Er erinnerte sich, in seiner Kindheit diese Sage schon einmal gehört zu haben. Es soll das Geschlecht der Huttensteiner gewesen sein, das einst in der nun verödeten Burg jenseits des Burgtals gewohnt hatte.

7

Burg Hohenwart

An einem Abend im Frühling, Ignotus lebte schon im fünften Jahre auf Burg Hohenwart, versank Graf Melchior wieder einmal in tiefste Trübsal. Dreimal schlug er mit der flachen Hand auf den Tisch. Die Tür öffnete sich, und herein trat Vogt Ignotus.

Graf Melchior vermochte seinen Unmut kaum zu verbergen. In letzter Zeit war es ihm immer schwerer gefallen, die Nähe seines Vogtes zu ertragen. Zu oft mußte er an den Unterschied denken zwischen dem armseligen Reitknecht, den er einmal in Dienst genommen, und dem gutgekleideten Vogt, der das Benehmen eines Ritters hatte und dazu noch eine Kalkbrennerei auf Hohenwartschem Grund und Boden betrieb und sich damit ein gutes Einkommen verschaffte. Zwar war er diesem Mann großen Dank schuldig, weil er ihn einst dem trägen Leben entrissen und seine Besitzungen vor der völligen Verwahrlosung gerettet hatte. Obendrein hatte er ihm auch Einkünfte verschafft, wie sie ihm noch nie zugeflossen waren. Aber es ging seiner Grafenehre nahe, daß dieser Nichtadelige in der Umgebung größere Achtung genoß als der Graf selbst. Wohin er kam, hörte er nur von dem Herrn Kalkbrenner reden; denn dies war der Name, unter dem Ignotus hier bekannt war. Überall sprach man davon. Herr Kalkbrenner habe dies und jenes getan. Und wenn es etwas gab, was er noch nicht vollbracht hatte, dann würde er es sicher bald tun. Und am meisten beunruhigte den Grafen das Geheimnis, auf das er im Gemach seiner Tochter gestoßen war. Aber daran wollte sich der Graf am liebsten nicht erinnern.

Und nun stand ausgerechnet der Burgvogt da, und nicht Bianca. Und an Stelle des vollen Weinkrugs, den seine Tochter ihm hatte reichen sollen, sah er unter dem Arm des Vogtes eine dicke Papierrolle. Was war das nun wieder für ein Einfall? Warum kam der Vogt, wenn er Bianca gerufen hatte? Und wo war Bianca? Sie saß wohl wieder oben im Torturm und lauschte den alten Ammenmärchen, anstatt, wie es ihre Pflicht war, dem alten Vater den Krug zu füllen, wenn die düsteren Gedanken kamen.

„Nun, was will der Vogt schon wieder?" Die Stimme des Grafen klang alles andere als freundlich.

„Ich habe dem Herrn Grafen einen Vorschlag zu machen."

„Schon wieder ein Vorschlag! Wollt Ihr eine neue Kalkgrube muten?"

Ignotus merkte sofort, daß sein Herr schlechter Laune war, aber er ließ sich nicht irremachen.

„Nein, Herr Graf, aber ich möchte Euch vorschlagen, die Burg erneuern zu lassen."

„Da hört sich doch alles auf!" Der Graf geriet vor Empörung völlig außer sich. Er sprang auf und schlug mit der flachen Klinge auf den Tisch.

„Seit wann ist es üblich, daß der Burgvogt seinem Grafen vorschlägt, die Burg zu erneuern?" schrie er.

„Es kommt der Tag, an dem die Gebäude einstürzen werden", entgegnete Ignotus ruhig und sah dem Grafen fest in die Augen.

„Bestellt meinetwegen dem Grafen von Huttenstein, er solle sein Gemäuer aufbauen!" schrie Graf Melchior.

„Wenn ich ihm einmal begegne, werde ich es ihm ausrichten", sagte Ignotus mit einem stolzen Blitzen in den Augen.

Graf Melchior hielt immer noch das gezogene Schwert in der Hand und starrte seinen Vogt an. Etwas in der Haltung und dem Benehmen von Ignotus mußte es gewesen sein, das in der Seele des alten Edelmanns die besten Eigenschaften weckte. Der Zorn wich, und es kam eine Milde über ihn, die seine grimmigen Züge auf seltsame Weise verschönte. Er steckte das Schwert in die Scheide und reichte dem Vogt die Hand. „Ich hätte Euch in Stücke schlagen können, wenn ich Euch nicht im Grunde so wohl wollte. Aber setzt Euch nun hin, dann wollen wir sehen, was Ihr vorzuschlagen habt."

Ignotus breitete seine Zeichnungen und Berechnungen vor dem Grafen aus. Der Graf wunderte sich, wie sorgfältig der Grundriß ausgeführt war. „Wer hat diese Zeichnung angefertigt?" fragte er.

„Ich, Herr Graf", antwortete Ignotus.

Der Graf sah seinen Vogt erstaunt an. „Gibt es etwas, was der Kerl nicht kann?" murmelte er.

Aufmerksam folgte er der Beschreibung von den Schäden an der Burg und dem, was Ignotus als Umbau vorschlug. Die Burg hatte drei Türme, den sogenannten Vogtsturm, den Burgturm und den Knechtsturm. Zwischen Burgturm und Knechtsturm lag das eigentliche Burggebäude mit dem Rittersaal, den Gemächern für die Gäste, der Küche und dem Speisesaal. Im Burgturm befanden sich die Wohnräume, das Gemach des Grafen unten und darüber Biancas Kemenate. Vom Knechtsturm und vom Burgturm führten Mauern zum Vogtsturm. Die Burg bildete somit ein regelmäßiges Dreieck. Vor den Mauern und teilweise mit ihnen verbunden lagen die Stallungen und Scheunen, Viehställe und die Waffenkammer. Mitten auf dem gepflasterten Burghof stand ein schöner alter Brunnen.

„Das einzige, was ich nicht aufzeichnen konnte", sagte Ignotus, „ist ein unterirdischer Gang mit einer Ausgangspforte, den ich in einem alten Buch erwähnt fand. So eifrig ich auch danach suchte, ich habe keine Spur davon gefunden, weder in der Burg noch in der Umgebung."

Auch der Graf hatte von diesem alten Gang gehört. Aber niemand hatte ihm darüber Bescheid geben können, nicht einmal Bühlendorf, der so lange auf der Burg gewesen war.

Ignotus berichtete von den Schäden, die das Schloß aufwies. Er erzählte, daß vor allem der Knechtsturm sich in einem üblen Zustand befände; er wäre offenbar nachlässig aufgeführt worden. Auch die Verbindungsmauern seien teilweise zerstört. Doch seien noch alle Steine vorhanden. Was beschafft werden müßte, seien Kalk und Mörtel. Sand gäbe es genügend im Burgtal, und den Kalk würde Ignotus dem Grafen aus Dankbarkeit umsonst liefern . . .

„Nein, besten Dank", unterbrach ihn Graf Melchior und schlug mit der Faust auf den Tisch. „Daraus wird nichts!"

„Mit dem Umbau der Burg?"

„Nein, mit dem Gnadengeschenk des Burgvogt".

„Gut", erwiderte Ignotus mit einem entwaffnenden Lächeln. „Dann darf ich mich vielleicht als Kalkbrenner empfehlen?"

„Wir werden sehen, wir werden sehen", brummte der Graf ein wenig beruhigter.

Noch bevor es Abend wurde, war der Umbau der Burg beschlossene Sache, und schon in der nächsten Woche wurde mit der Arbeit begonnen.

8

Burg Huttenstein

Im Herbst, als man mit der Arbeit so weit gekommen war, daß die Baugerüste rings um Schloß Hohenwart abgebrochen werden konnten, sah Graf Melchior eines Tages mit Verwunderung, daß aus dem einzigen Kamin, der noch aus dem Dach der alten Burg Huttenstein ragte, Rauch aufstieg.

Wie lange Burg Huttenstein unbewohnt stand, wußte im Burgtal niemand mit Sicherheit zu sagen. Im Gasthaus ‚Zum grünen Baum' war nur einmal vor etwa dreißig Jahren eine junge adlige Witwe mit einem kleinen Knaben abgestiegen. Die beiden hatten einen ganzen Tag lang die Ruinen der alten Burg durchstreift. Darauf waren sie aber wieder ihres Weges gezogen.

An diese alte Geschichte mußte Graf Melchior von Hohenwart denken, als er gegenüber den Rauch von dem Dach der verfallenen Burg aufsteigen sah. Er rief Ignotus herbei, der gerade mit dem Abreißen der Baugerüste am Knechtsturm beschäftigt war.

„Was meint Ihr, Vogt, warum es in den Ruinen dort drüben raucht?"

„Kein Rauch ohne Feuer, Herr Graf. Aus einem kleinen Funken kann leicht ein großes Feuer werden!"

„Ich möchte den Funken sehen. Laßt die Pferde satteln und reitet mit mir hinüber!"

„Es tut mir leid, Herr Graf! Aber ich kann die Aufsicht über die Arbeiten hier nicht einen Augenblick abgeben."

„Dann reite ich allein."

Und nach kurzer Zeit ritt der Graf davon.

Wo vom Burgtal nach Burg Hohenwart ein breiter, bequemer Weg hinaufführte, da war es beim Huttenstein ein steiler und beschwerlicher Pfad. Ja, eher noch war es eine Steinstiege. Und der Wald, der wohl ein Jahrhundert keine Bekanntschaft mit Axt und Säge gemacht hatte, war über den Weg gewachsen, so daß der Graf bald vom Pferd steigen und es am Zügel führen mußte.

Zu seiner Verwunderung traf er auf diesem steinigen Pfad an diesem Morgen viele Leute aus der Umgegend, Steinmetze, Zimmerleute, Maurer und Handlanger. Einige Männer waren damit beschäftigt, den Wald zu roden und einen Weg anzulegen, während andere Stämme und Bretter, Ziegel und Kalksäcke zur Burg hinauftrugen. Der ganze Pfad war schon weiß von Kalk.

„Mein Kalk, für den Vogt Ignotus Geld nimmt", murmelte Graf Melchior, während er sich den Schweiß von der Stirn wischte. Er war nicht in bester Laune, als er, erschöpft von der Kletterei, endlich auf dem Gipfel stand. Atemholend schaute er über das Burgtal hinweg. Er hatte immer geglaubt, die beiden Burgen ständen gleich hoch, aber jetzt sah er, daß seine eigene Burg bedeutend niedriger lag, was ihn wieder nicht übel ärgerte. Aber was war Ruine Huttenstein gegen seine schöne Burg? Hohenwart hatte drei Türme, Huttenstein nur einen, der allerdings umso höher war. Einen Burghof gab es hier auch nicht. Am Wohngebäude war das halbe Dach eingefallen. Nur ein paar Räume waren noch nutzbar, in denen sich der Mann, der die Arbeiten leitete, offenbar notdürftig eingerichtet hatte.

Graf Melchior fiel es schwer, seine Neugier zu zügeln. Er stellte einige Fragen an die Arbeiter, aber sie schüttelten nur den Kopf und verwiesen ihn an den Bauleiter.

Durch Steinblöcke und Kalksäcke hindurch arbeitete sich Graf Melchior zu ihm hin. Es war ein wortkarger junger Mann. Er begrüßte den Grafen abweisend wie jemanden, der hier nichts zu suchen hat, und auf alle Fragen antwortete er, daß er nur auf Befehl des Burgvogtes handle. Über den Besitzer der Burg und wie der Vogt heiße und wo er wohne, wußte er nichts zu sagen.

Nicht klüger als zuvor, stieg Graf Melchior den Waldpfad hinunter. Das Rätsel um den Huttenstein hatte er nicht zu lösen vermocht, aber wahrscheinlich lebte irgendwo einer des Geschlechts, auf dessen Geheiß die Burg in Ordnung gebracht wurde. Wenn es wahr war, was man sich im Wirtshaus erzählte, dann mußte das Knäblein, das damals mit seiner Mutter die Ruinen besucht hatte, jetzt ein junger Ritter von etwa fünfunddreißig Jahren sein. Und der Gedanke, daß seine junge unverheiratete Tochter vielleicht einen Ebenbürtigen zum Nachbarn bekommen würde, erfüllte den Grafen mit frohen und beruhigenden Gedanken. Er mußte sich um jeden Preis Auskunft über den unbekannten Ritter von Huttenstein verschaffen. Und anstatt nach Hause zu reiten, wandte er sich dem Haus zu, wo man die besten Aussichten hatte, Neuigkeiten zu erfahren, nämlich dem Wirtshaus ‚Zum grünen Baum'.

9

Das Wirtshaus ‚Zum grünen Baum'

Eine Stunde Wegs hinter der alten Kapelle im Burgtal, die Ignotus wieder hatte erneuern lassen, stand das Wirtshaus ‚Zum grünen Baum'. Da die Straße durch das Burgtal einen der wichtigsten Verkehrswege im ganzen Frankenland darstellte, war das Wirtshaus ständig voller Gäste. Auf dem Hof herrschte reges Leben und Treiben. Da wieherten edle Rösser neben groben Arbeitspferden, da standen schwere, mit bunten Adelswappen verzierte Reisewagen neben Bauernkarren, die mit Rüben und Getreidesäcken beladen waren. Da rasteten Kalkfuhren, die in ständigem Strom aus der Kalkbrennerei bei Hohenwart rollten.

Und in der großen Gaststube mit der hohen Decke, in der es dämmerig wie in einer Kirche war, hingen Puter und Spanferkel an Spießen über dem Feuer, und der Zapfen an dem großen Weinfaß bekam selten Ruhe. An allen Tischen saßen Gäste, die aßen und tranken und lärmten.

Am Ofen diskutierten Studenten in ihren bunten Trachten, daneben saßen adelige Herren, die in fürstlichem Auftrag reisten, und Bettelmönche, die der ewigen Seligkeit wegen von den Wirtsleuten Speise und Trank umsonst erhielten. Gegenüber am Fenster saßen ein paar arme Bauern, die für einige Heller saures Bier tranken. An der Tür drängten sich Bettler, die vom Wirt fortgejagt wurden, sobald kein Mönch in Sicht war.

Als Graf Melchior von Hohenwart unter diese bunt durcheinandergewürfelte Schar trat, stockte die Unterhaltung einen Augenblick. Das war ein Zeichen für den eifrig beschäftigten Wirt, daß ein neuer Gast gekommen war. Von den Reisenden kannte keiner den Grafen, da er die meiste Zeit wie ein Einsiedler hauste, aber einer erkannte ihn augenblicklich, das war der frühere Schloßvogt Bühlendorf, der seit kurzem die Wirtschaft ‚Zum grünen Baum‘ übernommen hatte.

Als Graf Melchior seinen entlaufenen Vogt erblickte, wäre er am liebsten umgekehrt, aber er war es nicht gewöhnt, den Rückzug anzutreten. Also ließ er sich an einem Tisch nieder und verlangte einen Becher Wein, den Bühlendorf ihm unter vielen Bücklingen hinstellte. So unangenehm es dem Grafen auch war, seinen früheren Vogt um Hilfe bitten zu müssen, so war es ihm doch klar, daß er in dieser Angelegenheit ohne Hilfe des Wirts nichts ausrichten konnte. Durch dessen Ohr liefen alle Neuigkeiten ein, und über seine Zunge liefen sie dann wieder hinaus, mehr oder minder entstellt, je nachdem, wie es dem Wirt am besten in den Kram paßte.

Daher winkte Graf Melchior den Wirt nach einer Weile zu sich her und begann, ihn nach dem Geschlecht der Huttensteiner auszufragen.

Der Wirt fing mit der alten Geschichte von dem Fluch an, der auf den männlichen Nachkommen der Familie ruhte. Er erzählte auch von der jungen Witwe, die einst mit ihrem kleinen Sohn in dem Wirtshaus eingekehrt wäre. Der Graf erfuhr dabei, daß die unbekannte Frau den Knaben, der sicherlich ein echter Huttensteiner war, das Gelübde hätte ablegen lassen, die Burg wieder aufzubauen.

„Wißt Ihr, daß man heute damit begonnen hat, die alte Burg Huttenstein wieder aufzubauen?“

Der Wirt sperrte vor Verwunderung die Augen auf. Ob diese Verwunderung echt war, konnte Graf Melchior nicht entscheiden.

„Nein, das wußte ich nicht", sagte Bühlendorf.

„Aber wo wohnen denn all die Leute, die dort oben arbeiten?"

In die Augen des Wirts trat ein boshafter Ausdruck.

„Wißt Ihr nicht, Herr Graf, daß der Kalkbrenner, der mit Schnitzmessern Gold aus des Herrn Grafen eigenem Berg schneidet, ein Gasthaus neben der alten Heilquelle gebaut hat, just dort, wo der Weg vom flachen Land ins Burgtal mündet?"

Der Graf biß die Zähne zusammen. Nahmen die Streiche des Vogtes hinter seinem Rücken gar kein Ende?

„Nein, davon weiß ich nichts", sagte er kurz.

Bühlendorf rückte näher an den Grafen heran, und seine Augen bekamen einen tückischen Glanz.

„Dann weiß der Herr Graf wohl auch nicht, woher der Wein kommt, der in dem Gasthaus dort oben getrunken wird?"

Der Graf schüttelte den Kopf.

„Will der Herr Graf es wissen?"

Graf Melchior erfüllte es mit Unbehagen, auf diese Weise mit seinem alten Vogt gemein zu werden. Trotzdem nickte er kurz. Ihn widerte es an bei dem Gedanken, daß die alte Burg seiner Väter so viele Jahre hindurch in den Händen dieses Speichelleckers gewesen war. Sofort beim Betreten des Wirtshauses hätte er ihn für das Verschwinden der Bücher aus dem Schloß zur Rechenschaft ziehen sollen. Jetzt war es zu spät.

Der Wirt beugte sich zu ihm hinüber und flüsterte ihm ins Ohr: „Der Wein stammt aus Eurem Keller!"

Der Graf fuhr auf. Wäre er unter seinem eigenen Dach gewesen, so hätte er mit seinem Schwert auf den Tisch geschlagen.

„Dieser Schurke!" rief er.

Der Wirt lächelte boshaft.

„Und solchen Leuten schenkt man seinen Kalkberg", sagte er.

Die Adern auf des Grafen Stirn schwollen an.

„Er bekommt sofort seinen Laufpaß!“ rief der Graf.

„Ich rate Euch ab“, widersprach der Wirt. „Schafft Euch zuerst Beweise!“

„Was sollten das für Beweise sein?“ fragte der Graf.

„Nun, das ist einfach“, erwiderte der Wirt. „Laßt einen oder zwei Tage keinen Wein heraufholen, und dann seht nach, ob es nicht weniger im Faß geworden ist.“

„Ich danke Euch für den Rat“, sagte der Graf, leerte sein Glas, zahlte und ging seines Weges, während der Wirt sich zufrieden die Hände rieb.

10

Geheimnisvolle Geräusche in der Nacht

Zum Weinkeller auf Schloß Hohenwart gab es, wie gesagt, nur zwei Schlüssel. Den einen hatte Bianca, den andern der Graf in Verwahrung. Bianca war sehr verwundert, als ihr Vater sie nach seiner Heimkehr um ihren Schlüssel bat. „Fortan hole ich mir den Wein selbst", sagte er. Der Blick, den er ihr dabei zuwarf, flößte ihr eine seltsame Angst ein. Vertraute er ihr nicht mehr? Oder was konnte es sonst bedeuten?

Mit dem Schlüssel in der Hand ging der Graf die Treppe zu seinem Weinkeller hinunter. Der Keller befand sich unter dem Burgturm und war über eine Treppe zu erreichen, zu der man durch eine enge Tür in der Burgturmmauer gelangte.

Es war dämmerig dort unten. Der Keller erhielt nur Licht durch ein Loch hoch oben im Gewölbe. Der Graf klopfte an die großen Fässer. Neun davon waren ganz voll, das zehnte zur Hälfte, zwei waren leer. Auf dem Fußboden des Kellers lag Holzkohle, um die Luft trocken zu halten. Der Graf hob ein Stück Kohle auf und kennzeichnete die Fässer, die voll waren, und dasjenige, das zur Hälfte voll war. Darauf verschloß er den Keller sorgfältig und hängte den Schlüssel an seinen Gürtel.

Den Nachmittag verbrachte der Graf damit, die Arbeiten am Schloß zu besichtigen, die jetzt so gut wie vollendet waren. Dann und wann blieb er stehen und sah zu Schloß Huttenstein hinüber, wo gerade Baugerüste um Turm und Mauern errichtet wurden.

Als es Abend wurde, fand der Graf noch immer keine Ruhe. Die Begegnung mit dem Wirt und was dieser ihm gesagt, hatte alle neidischen und mißtrauischen Gedanken in ihm wachgerufen, die er im Geheimen gegen seinen Vogt hegte. Es war sonderbar, wie dieser Mann ihn zugleich anzog und ärgerte. Besonders verdroß es ihn, daß Bianca offenbar ebensoviel Zuneigung für Ignotus und seine Mutter empfand wie für ihren alten Vater, wenn nicht noch mehr.

Noch mehr empörte ihn jedoch, was Bühlendorf über den Weindiebstahl gesagt hatte. In seiner Wut traute er diesem kriecherischen Wirt mehr als der ehrlichen Miene seines Vogtes. Der Unternehmungsgeist auf den verschiedensten Gebieten, den Ignotus an den Tag legte, und die Entschlossenheit, die er meistens zeigte, hatten für Graf Melchior etwas Aufreizendes. War es nicht genug damit, daß der Vogt des Grafen Kalk brannte? Von seinem Weinkeller sollte er die Finger lassen! Das schwor sich der Graf. Und deshalb stellte er sich nach dem Abendessen an das Fenster im Burgturm, von wo aus er den Burghof am besten überblicken konnte.

Stunde um Stunde wachte Graf Melchior am Turmfenster. Die ganze Zeit hindurch sah er Licht im Vogtturm. Er glaubte sogar Ignotus in der tiefen Fensternische zu erkennen, der über eine Arbeit gebeugt zu sein schien.

Es war eine schöne, milde Augustnacht. Um Mitternacht ging der Mond auf, aber da er im letzten Viertel war, machte er die Schatten nur dunkler. Noch immer brannte Licht in der Vogtswohnung. Die Augen des Grafen wurden davon angezogen wie eine Mücke von der Flamme. Als die alte Schloßuhr zwölf schlug, erlosch das Licht plötzlich. Der Graf, der bei seinem eintönigen Wachdienst müde geworden war, fuhr zusammen. Leise öffnete er das Fenster und horchte hinaus. Über der alten

Burg breitete sich Stille aus. Auch im Knechtsturm war es still. Jetzt herrschten andere Sitten als zu Bühlendorfs Zeit, da Knechte und Mägde oft die Nächte durch lärmten.

Plötzlich sah der Graf, wie das Licht einer Laterne im Treppenfenster des Vogtsturms aufflackerte; die Tür zum Turm wurde geöffnet, und heraus trat ein Mann mit einer Laterne in der Hand, der niemand anders als der Vogt sein konnte.

Der nächtliche Wanderer lenkte seine Schritte an der Mauer entlang geradewegs auf den Burgturm zu. Dort befand sich der Eingang zum Weinkeller. Der Graf begann vor Eifer und Aufregung zu zittern. Mit der einen Hand packte er den Schwertknauf, in der anderen Hand hielt er krampfhaft den Kellerschlüssel. Jetzt würde er den Dieb wahrhaftig auf frischer Tat ertappen! Aber Ignotus — der Graf sah deutlich, daß er es war — ging nicht zum Weinkeller hinunter; er machte vielmehr eine Runde um den Burghof und sah anscheinend nach, ob alle Türen geschlossen und alle Lichter gelöscht waren. Darauf ging er zum Vogtsturm zurück und öffnete das kleine Tor, das zu der Zugbrücke führte. Er schloß das Tor hinter sich, und der Graf blickte enttäuscht in den leeren, nächtlichen Hof. Er horchte gespannt und glaubte zu vernehmen, wie die Schritte des Vogtes auf der Straße zum Burgtal hinunter verhallten. Dann war alles still. Der Graf wollte gerade das Fenster schließen und sich zur Ruhe begeben, als es ringsum im Schloß lebendig wurde. Er war so aufgeregt, daß sein Herz laut schlug. Er hörte, wie es in den alten Möbelstücken knackte. Er vernahm das Wehen von den Flügeln der Fledermäuse, die wie Zwergdrachen ihre unberechenbaren Flüge vollführten. Er hörte das weiche Sausen der Eulen, die auf Jagd um den Turm strichen. Im Stall wieherte ein Pferd. Das Rauschen des Mühlbaches tönte, je nach dem wechselnden Nachtwind, lauter oder leiser. Und zwischen all diesen Geräuschen vernahm er bisweilen ein dumpfes Poltern, das aus der Unterwelt zu kommen schien. Dem Grafen fiel ein, daß tief unter dem Weinkeller die Gewölbe mit den Verließen lagen, und alle Sagen von Gespenstern aus alten grausamen Zeiten, die der Graf als Kind gehört hatte, tauchten auf und erhielten Gestalt. Der Graf glaubte zu spüren, wie der Turm von den schweren Schritten der Füße schwankte, die dort unten ihren ewigen Rundgang machten und rasselnde Ketten hinter sich herschleppten. All die Unglückseligen, die in den düsteren Gewölben geschmachtet hatten, schienen die Nacht mit ihrer Qual zu erfüllen und den einsamen Wächter im Turmfenster mit Bitten oder Flüchen zu bestürmen. Der Graf war am Tage ein mutiger Mann, aber gegen diese finsteren Nachtgedanken kämpfte er vergeblich an. Er schloß das Fenster, leerte seinen Weinkrug in einem Zug, warf sich auf sein Lager und schlief ein.

11

Eine Entdeckung und ein Abschied

Der Graf wurde durch das Geräusch von Hämmern und Maurerkellen geweckt. Die Arbeiter waren schon seit Tagesgrauen mit dem Verputzen des Schlosses beschäftigt. Der Graf sprang aus dem Bett, reckte seinen steifen Rükken und begab sich zu dem Fenster, das auf den Burghof hinausführte, in den jetzt die Sonne schien. Überall war eifriges Leben und Treiben. Vogt Ignotus stand mit einer Rolle Zeichnungen in der Hand und unterhielt sich lachend mit Bianca, die zusammen mit ihren Mägden Wäsche wusch. Das klare, frische Quellwasser wurde mit Eimern aus dem Brunnen geschöpft und glitzerte in den Bottichen aus duftendem Eichenholz. Von den Brunnenpfeilern zu den Fensterhaken in der Mauer waren Seile gespannt. Die schimmernde Leinenwäsche flatterte knatternd im frischen Morgenwind, der alle Wetterfahnen auf dem Schloß knarren ließ.

Besonders ausgelassen war an diesem schönen Morgen der kleine Affe Pusio. Er hatte schon seit langem seine Eifersucht auf Ignotus abgelegt. Und während Ignotus und Bianca miteinander plauderten, sprang er von einem zum andern, untersuchte genau Ignotus' sämtliche Taschen, in denen jetzt oft ein Leckerbissen für ihn versteckt war. Er stahl Bianca das Taschentuch und legte es Ignotus um den Hals.

Als der Graf Ignotus und Bianca in so freundlichem

Gespräch beieinanderstehen sah, erwachte der alte Groll in ihm. Er erinnerte sich der Worte des Gastwirts, und mit dem Schlüssel zum Weinkeller in der Hand rannte er die Treppe hinunter. Das Türschloß wollte nicht sogleich nachgeben, was seinen Zorn noch erhöhte und ihn in seinem Verdacht bestärkte. Endlich bekam er es auf. Unten klopfte er alle Fässer ab. Die zehnte Tonne, die gestern noch halbvoll gewesen, war leer! Der Graf verharrte eine Weile sprachlos vor Überraschung. Er zählte die Fässer noch einmal durch und prüfte seine Zeichen. Er zog den Zapfen aus dem zehnten Faß; kein Tropfen kam heraus.

Wutschnaubend rannte der Graf die Treppe hinauf, gleich einem Rachegott stand er im nächsten Augenblick vor dem verblüfften Ignotus.

„Dieb!" schrie er. „Weindieb! Kalkdieb!"

Ignotus sah ihn erstaunt an, und seine unschuldige Miene machte den Grafen nur noch wütender.

„Willst du gestehen? Rasch! Sonst schlage ich dich tot!"

Bianca warf sich zwischen die beiden Männer.

„Vater!" rief sie. „Vater, habt Ihr den Verstand verloren?"

Aber der Graf zeigte auf das Tor.

„Geht" sagte er. „Geht, bevor etwas Furchtbares geschieht!"

Ignotus sah Bianca einen Augenblick an. Sein Blick verriet angsterfüllte Zärtlichkeit.

„Meine Mutter?" fragte er leise.

„Bleibt bei mir", flüsterte Bianca kaum hörbar.

Darauf warf Ignotus dem Grafen die Rolle mit den Zeichnungen vor die Füße.

„Ich gehe", sagte er stolz. „Aber ein Dieb bin ich nicht. Übel lohnt Ihr dem, der Euch nur wohlwollte. In meiner Wohnung werdet Ihr die Schlüssel zum Schloß und die Bücher finden. Ihr könnt dann selbst prüfen, ob nicht alles in bester Ordnung ist. Meine Mutter vertraue ich Eurer ritterlichen Obhut an, bis ich ihr ein würdiges Heim bereitet habe." Und in einer Haltung, die einem Ritter hätte wohl anstehen können, schritt Ignotus über die Zugbrücke ins Burgtal hinunter.

Auf der Burg war unterdessen alle Arbeit ins Stocken geraten. Die Wäscherinnen hatten erschrocken Schutz hinter dem Brunnen gesucht. Die Arbeiter hatten mit Hämmern und Mauern aufgehört. Sogar der fröhliche Wind war abgeflaut. Die Wetterfahnen knarrten nicht mehr, die Wäschestücke hingen schlaff herab, eine Wolke zog vor die Sonne, und die Spatzen hörten auf zu tschilpen.

Bianca lehnte sich weinend an den Arm des Vaters. In dem offenen Fenster des Vogtturms aber stand Frau Käthe und blickte Graf Melchior fest in die Augen. Ihre Haltung war so ehrfurchtgebietend, ihr Blick so klar und edel, daß Graf Melchior stutzte.

„Wer ist diese Frau?" murmelte er halb für sich.

Bianca hob ihr tränennasses Gesicht. Ein schwaches Lächeln erhellte ihre bleichen Wangen.

„Es ist seine Mutter", flüsterte sie.

Da klatschte der Graf in die Hände.

„An die Arbeit, gute Leute!" rief er. „Von jetzt an bin ich Schloßvogt." Und für sich selbst fügte er hinzu: „Jetzt, da sogar Ignotus mich betrogen hat, traue ich keinem Menschen mehr."

Doch als Bianca in ihre Kemenate hinaufgekommen war und nach ihrem Tüchlein suchte, um sich die Tränen zu trocknen, fand sie es nicht. Da erinnerte sie sich an Pusios schelmisches Spiel unten im Burghof. Aber auch Pusio war verschwunden. So eifrig Bianca ihn suchen ließ, man fand den kleinen Affen nicht. Niemand hatte gemerkt, wie Pusio bei dem Wutausbruch des Grafen erschrocken in Ignotus' Tasche gekrochen und mit ihm von Burg Hohenwart verschwunden war.

Früh am nächsten Morgen kam ein kleiner Knabe mit

einem Korb in den Burghof. Er fragte nach Fräulein Bianca und wurde in ihre Kemenate gewiesen. Auf alle Fragen Biancas antwortete der Knabe nur: „Das steht in dem Brief, der in dem Korb liegt.“

Als Bianca den Korb öffnete, sprang Pusio heraus, ganz wild vor Freude, wieder bei seiner jungen Herrin zu sein. Doch der Brief war in winzige Stücke gerissen. Pusio hatte wohl gemeint, er müsse in seinem Gefängnis etwas zum Spielen haben, vielleicht hatte er es aber auch aus Wut getan.

Den ganzen Vormittag versuchte Bianca, die Stücke wieder zusammenzusetzen, um den Brief lesen zu können. Doch Pusio hatte sein Werk nur zu gründlich getan. Einen Teil des Briefes hatte er offenbar auch als Frühstück verwendet. Einen einzigen Satz konnte Bianca wieder zusammensetzen. Er lautete: „Ich komme wieder.“ Und dieser Satz war ihr Trost genug in ihrem Schmerz.

12

Der Spielmann

An einem Herbstabend, als der Wind um das Schloß heulte, die Turmluken klapperten und alle Wetterfahnen wimmerten, als es in den Schornsteinen sauste und Funken im offenen Kamin umherwirbelten, kam ein Spielmann auf die Burg Hohenwart. Sein langes Haar und der schwarze Bart hingen in Strähnen um sein Gesicht. Das Regenwasser tropfte von seinem Mantel und seinem Hut, als er sie unter der Tür ablegte, und er beeilte sich, die Laute von ihrer nassen Lederhülle zu befreien.

Ungeladen und ungebeten war er geradewegs in das Turmgemach des Schloßherrn getreten, wie es in alter Zeit die Sitte der Spielleute und Troubadoure war. Jetzt waren die fahrenden Sänger fast ausgestorben, doch stand ihre Zunft noch hoch in Ehren, und ein Spielmann, der die dunklen Herbst- und Winterabende auf den Ritterburgen aufheiterte, war ein gern gesehener Gast.

Graf Melchior saß düster und einsam vor seinem Weinkrug. Bianca hatte ihn schon verlassen, um sich zur Ruhe zu begeben. Der Diener des Grafen legte gerade ein paar Holzkloben aufs Feuer, und der Graf rückte näher zum Kamin, um seine steifen Beine zu wärmen. Da kam der Spielmann!

„Willkommen, willkommen, fahrender Sänger!“ rief der Graf. „Ihr kommt wie gerufen, um mir die düsteren Gedanken zu vertreiben. Kommt ans Feuer und wärmt

Euch und Eure Laute! Und laßt sodann Neuigkeiten und frohe Weisen hören! Ein Lager für die Nacht sollt Ihr bekommen und Essen und Trinken, solange es Euch behagt, unter meinem Dach zu weilen."

Der Spielmann blieb den Winter über im Burgtal. Er war bald hier, bald dort zu Gast. Im Wirtshaus ,Zum grünen Baum‘ sang er kecke Lieder, im Gasthaus ‚Zum Kalkbrenner‘ erschollen seine lustigen und ernsten Weisen. Solange er bei Graf Melchior zu Gast war, durfte er in dem leeren Vogtturm wohnen. Frau Käthe war zu Bianca gezogen und wohnte in der Kammer der alten Dörthe, die neben Biancas Gemach lag. Dank ihrer Tüchtigkeit und Gelehrsamkeit wurde sie Bianca bald eine unentbehrliche Freundin und Ratgeberin, und jedesmal, wenn Frau Käthe davon sprach, daß sie ihren Sohn aufsuchen und zu ihm ziehen wolle, bat Bianca flehentlich, sie möge bleiben. Frau Käthe verließ nur selten ihre Kammer, und Graf Melchior tat, als sei sie nicht vorhanden. Aber wenn der Spielmann abends seine Lieder sang, drangen die Töne bis hinauf zu den beiden Frauen. Der Graf wollte den Spielmann am liebsten für sich allein haben. Mit der Zeit fand er großen Gefallen an dem Zusammensein mit ihm, und er machte ihn in vielen Dingen zu seinem Beichtvater.

Einer, der auch Gefallen an dem Spielmann fand, war Pusio. Das Äffchen, das sonst Fremden gegenüber scheu oder abweisend war, kam oft in das Gemach des Grafen gelaufen, wenn es die Töne der Laute hörte. Dann saß es mit Vorliebe auf dem Knie des Spielmanns, und war bei dem Lautenspiel hin und wieder ein falscher Ton zu hören, dann wußte Bianca, daß Pusio seine mutwilligen Händchen im Spiel hatte.

Eines Abends erzählte der Graf von seinem Besuch im Wirtshaus, und wie sein früherer Vogt ihm Mißtrauen gegen Vogt Ignotus eingeflößt hatte, was dann zu der Entdeckung des Weindiebstahls führte.

Der Spielmann schien in tiefe Gedanken versunken zu sein, als der Graf seine Erzählung beendet hatte.

„Woran denkt Ihr?“ fragte Graf Melchior.

„Mir ist ein altes Lied in den Sinn gekommen, das ich früher einmal gehört habe.“

Der Spielmann stimmte seine Laute, schlug einige wehmutsvolle Akkorde an und begann:

War einst ein König in Frankenland,
der nie geriet in Feindeshand.
Ihm dient' ein Edelknab', fürwahr
des Königs traut'ster Freund er war.
Der König hatte viel kostbare Ding',
das kostbarste doch war ein güldener Ring.
Ein güldener Ring mit funkelndem Stein,
des Glanz war wie die Sonne so rein.
vergebens sucht er ihn draußen und drin.
Eines Tags der König vermißt seinen Ring,
Sprach einer der Mannen zu ihm im Saal:
‚Den Ring dein Edelknabe dir stahl!'
Voll bitteren Zorns der König da spricht:
‚In den Turm mit ihm, dem ehrlosen Wicht!'
In den tiefen Turm er ward gebracht,
dort schmachtete er in finsterer Nacht.
Nach einem Jahr fand sich der Ring,
An eines Baumes Zweig er hing.
‚Befreit den Knappen!' der König gebot.
Doch im Turm sie fanden den Knaben tot.

„Das war ein trauriges Lied", sagte der Graf. „Da kommen mir schwere Gedanken. Wollt Ihr nicht etwas Heiteres singen?"

„Ich kenne auch ein Lied von einem Schweinehirten", sagte der Spielmann.

„Ja, was auch immer es sein mag, wenn Ihr mich mit Euerm Gesang nur wieder aufheitert!"

Und der Spielmann sang:

War eine Grafentochter,
wohnte in hohem Schloß,
kam her ein armer Wandersmann,
gering, ach, war sein Los.

Die Schweine wollt' er hüten,
dort in des Grafen Wald,
die Jungfrau auf dem Söller,
sie sah den Hirten alsbald.

Sie dachte: Keinem andern
schenk' ich das Herze mein.
Sie trafen sich im Sommer lind,
süß sang ein Vögelein.

Der Graf doch sah sie wandeln
am abendlichen See.
Er zog sein Schwert voll Zornesglut
‚Jetzt sterben ich dich seh'!'

Des Hirten Hut und Mantel
dem Grafen zu Füßen fällt,
vor ihm in stolzer Haltung steht
ein ritterlicher Held.

„Diese Weise gefällt mir besser", sagte der Graf, als der Spielmann schwieg. „Aber sagt mir, Sänger, warum sind alle diese Lieder so seltsam? Sie handeln alle vom Schein, der trügt. Warum mißtraute der König dem Edelknaben, warum verkleidete sich der Ritter als Schweinehirt?"

„Ja", sagte der Spielmann, „das kommt wohl daher, weil das Leben nun einmal so ist. — Warum traute Graf Melchior von Hohenwart mehr einem Gastwirt, der ihn betrog, als einem Vogt, der ihm treu diente?"

Graf Melchior brauste auf. „Ich vertraute Ignotus, bis er meinen Wein stahl."

„Woher wißt Ihr, daß Ignotus den Wein stahl?"

„Nun, der Wein war doch fort! Und im Gasthaus ‚Zum Kalkbrenner' trinkt man Wein aus meinem Keller!"

„Im Gasthaus ‚Zum Kalkbrenner' trinkt man nur Wasser aus der heilbringenden Marienquelle", erwiderte der Spielmann. „Das weiß ich am besten, denn ich bin dort oft zu Gast. Aber wenn Ihr mir zuhören wollt, Herr Graf, so könnte ich Euch etwas erzählen, was ich heute nacht im Wirtshaus ‚Zum grünen Baum' hörte, und das vielleicht die Lösung so manches Rätsels bringen wird."

„Erzählt, erzählt!" bat der Graf.

„Gestern abend", begann der Spielmann, „sang ich Lieder in Bühlendorfs Wirtshaus. Sodann wurde mir ein Lager in der Knechtsstube angewiesen. Wäre es nicht mein Beruf, über allerhand Menschen Lieder zu dichten, so würde ich lieber Gott weiß wo wohnen, als in Bühlendorfs Knechtsstube. Die beiden Knechte dort sind ein paar ganz abgefeimte Halunken. Sie sollen einmal hier auf der Burg gedient haben."

„Ich weiß, ich weiß", brummte der Graf. An jene Zeit wollte er ungern erinnert werden.

„Aber um Mitternacht", fuhr der Spielmann fort, „kam Bühlendorf mit einer Stallaterne in die Knechtskammer geschlichen. Er trat an die Bank, auf der ich mit meiner schäbigen Decke lag, und leuchtete mir gerade ins Gesicht. Er muß meinen Schlummer für echt gehalten haben, denn einen Augenblick später hörte ich ihn im Hausflur mit seinen Knechten flüstern. Ich habe gute Ohren, und obwohl ich nicht jedes Wort verstand, konnte ich mir doch so viel zusammenreimen, daß es sich um einen Besuch im Weinkeller des Schlosses Hohenwart handelte, der in einer der nächsten Nächte abgestattet werden sollte. Besonders wichtig schienen mir die Worte ‚zur selben Zeit und am selben Ort wie das letzte Mal' zu sein. Wenn Ihr meinen Worten traut, Herr Graf, dann möchte ich vorschlagen, daß wir gewisse Schritte unternehmen, um die Weindiebe zu ergreifen. Und es wäre mir eine Freude, wenn Vogt Ignotus hierdurch Genugtuung erhielte."

Der Graf starrte lange ins Feuer.

„Ich glaubte, Ihr wäret ein Dichter und Träumer", sagte er dann zu dem Spielmann, „und ich weiß wahrhaftig nicht, ob Ihr nicht auch jetzt dichtet. Aber es gibt ja einen Weg, die Wahrheit Eurer Worte zu prüfen. Ich gehe also auf Euern Vorschlag ein. Ihr bleibt eine Zeitlang bei mir und unternehmt die Schritte, die Ihr für nötig haltet. Meine Leute stehen Euch zu Diensten."

13

Überlistet

Das Dunkel der Vorfrühlingsnacht wurde von einem Mond erhellt, dessen Licht oft von vorübereilenden Wolken verhüllt wurde. Als die Schloßuhr zwölf schlug, waren alle Lichter gelöscht. Das Schloß schien in tiefem Schlaf zu liegen, in Wirklichkeit aber spähten wachsame Augen durch die drei Turmfenster. Dies war nun die dritte Nacht, daß der Spielmann mit zwei der getreuesten Knechte des Grafen an einem alten, nur noch selten benutzten Schleichweg zur Burg Hohenwart Posten bezogen hatte. Sollte auch diese Nacht vergehen, ohne daß etwas geschah?

Als die Uhr eins schlug, hörte man einen Karren den Hohlweg heraufkommen, neben dem der Spielmann und die Knechte im Versteck lagen. Das Gefährt fuhr sehr leise, da seine Räder umwickelt waren. Im Dunkeln sah man drei Männer nebenher laufen. Es bestand kein Zweifel, wer sie waren. Der Spielmann hielt die Knechte zurück, die sich gleich daraufstürzen wollten, und ließ den mit kleinen Weinfässern beladenen Karren vorüberziehen.

Leise und wie Schatten schlichen der Spielmann und seine Männer hinter dem merkwürdigen Gefährt her. In diesem Augenblick brach der Mond durch das Gewölk, und die Männer konnten sich gerade noch rechtzeitig hinter ein paar Büschen verstecken.

Am Abhang unterhalb der Burg Hohenwart lag

ein alter, ausgetrockneter, überdachter Brunnen. Hier machten der Gastwirt und seine Knechte im Schatten einer dichten Tanne halt. Sie hoben die Fäßchen von dem Karren und trugen sie in das Brunnenhaus.

„Aha, jetzt verstehe ich“, murmelte der Spielmann. „Ein geheimer Gang!“ Er rechnete sich aus, daß Bühlendorf und seine Knechte sich jetzt in den alten Gang begeben hatten, und daß es eine gute Weile dauern könnte, bis sie mit den ersten Weinfässern zurückkommen würden. Deshalb befahl er einem der Knechte, zum Schloß zu laufen und den Grafen und seine Leute zu holen, damit sie zahlreich genug wären, um die Diebe gefangenzunehmen, wenn sie zurückkämen.

Aber er hatte sich verrechnet. Der Gastwirt war zwar listig, aber trotz seiner beträchtlichen Körperkräfte ein feiger Mensch. Er hatte nur seine Knechte mit Blendlaternen in den Gang hinuntergeschickt, den sie von früheren Besuchen her kannten, während er selbst im Brunnenhaus geblieben war. Und kaum hatte sich der Knecht des Grafen mit dem Auftrag des Spielmanns auf den Weg gemacht, als der Gastwirt Gefahr witterte. Er wartete einen Augenblick ab, da der Mond wieder hinter einer Wolke verschwunden war, um sich dann mit einem kühnen Sprung ins Dunkel zu retten.

Zum Glück war jedoch der Spielmann auf der Hut. Er ließ die Tür nicht aus den Augen, und als er sah, daß sich dem Brunnenhaus ein Wolkenschatten näherte, verdoppelte er seine Aufmerksamkeit. In dem Augenblick, als eine dunkle Gestalt aus der Türöffnung stürzte, packte er die Deichsel des Karrens und schob sie dem Wirt in den Weg. Der prallte mit dem Kopf dagegen, daß er die Funken stieben sah. Aber Bühlendorf hatte eine Stirn wie ein Stier. In seinem rasenden Schmerz wurde er zu einem wilden Tier. Er versetzte seinem Feind einen furchtbaren Schlag, traf aber nur dessen Bart, der davonflog. Und dem Bart folgte die Perücke. Im wieder hervorbrechenden

Mondlicht sah der verblüffte Wirt einen jungen Mann vor sich. Kurzentschlossen packte dieser den verdutzten Übeltäter um den Leib und schleuderte ihn mit solcher Wucht auf den Boden, daß er nach Luft ringend liegen blieb. Jetzt kamen der Graf und seine Männer gelaufen. Sie banden Bühlendorf an Händen und Füßen, darauf legten sie Hand an die beiden Knechte, die gerade mit wohlgefüllten Weinfässern aus dem Brunnen gestiegen kamen. Doch als sie sich nach dem Spielmann umsahen, war dieser verschwunden.

14

Graf Ulrich von Huttenstein

Es war Frühling im Burgtal. Auf den knospenden Bäumen des Burggartens flöteten die Stare. Wachtel und Nachtigall schlugen nachts ihre Triller, und als Graf Melchior von Hohenwart an einem Sonntagmorgen aus dem Fenster sah, gewahrte er, daß auf Schloß Huttenstein, das jetzt mit gekalkten Mauern und einem frisch gedeckten, in der Sonne glänzenden Dach prunkte, die Fahne gehißt war. Graf Melchior begriff, daß sich das Gerücht bewahrheitete, wonach Ritter Ulrich von Huttenstein zurückgekehrt sei und die Burg seiner Väter in Besitz genommen habe. Als Graf Melchior daher von der Morgenmesse in der Kapelle zurückkam, setzte er sich in seinen Lehnstuhl und schlug dreimal mit der flachen Hand auf den Eichentisch. Bianca, die in ihrem Turmgemach gesessen hatte, eilte zu ihrem Vater hinunter.

„Soll ich den Krug füllen?“ fragte sie.

„Nein, aber komm her und setz dich auf meinen Schoß, meine Tochter!“

Bianca hatte, seit sie erwachsen war, nicht mehr auf dem Schoß ihres Vaters gesessen. Aber sie gehorchte, ohne zu zögern. Etwas unbeholfen strich der Graf über ihre dicken Flechten. „Bianca, mein Kind“, sagte er, „es ist an der Zeit, daß du heiratest.“

Bianca wurde rot und blaß, aber sie erwiderte kein Wort.

„Bianca", fuhr Graf Melchior fort, „der Ritter von Huttenstein ist heimgekehrt. Ich erwarte, daß er um dich freit, und daß du ihm dein Jawort gibst."

Bianca wollte aufspringen, aber ihr Vater hielt sie auf seinem Schoß fest.

„Hast du etwas dagegen, mein Kind?"

„Vater", sagte Bianca, „wie kann ich einen Mann ehelichen, den ich nicht kenne und den ich vielleicht nicht lieben kann?"

Der Graf lachte.

„Kindereien, Mädchen! Wen man nicht kennt, den kann man kennenlernen, und wen man nicht mag, den kann man lieben lernen. Ich kannte deine Mutter auch nicht und hatte sie auch nicht lieb, bis beschlossen wurde, daß wir uns heiraten sollten, aber da wurde es bald anders!"

„Und wenn man einen andern lieb hat, Vater?"

Der Graf runzelte die Stirn.

„Wer soll das sein?"

Bianca schwieg.

„Du willst damit doch nicht sagen, daß du dich in diesen Ignotus vergafft hast, der . . . der meinen Wein vielleicht stahl, oder in diesen langhaarigen Lautenschläger, der übrigens ein ganzer Kerl war! Nein, mein Kind, eine Grafentochter ist eine Grafentochter und muß sich nach ihrem Stand verehelichen, und da kommt es wie bestellt, daß ein Sproß des alten Geschlechts Huttenstein sich gerade jetzt hier niedergelassen hat, wo du heiratsfähig geworden bist. Ich reite jetzt hinüber und sage ihm, daß er auf Schloß Hohenwart willkommen ist. Wird er nicht auf den ersten Blick zu deinem Verehrer, so ist er deiner nicht wert."

„Vater, das dürft Ihr nicht tun! Ihr könnt Eure Tochter nicht auf diese Weise feilbieten!"

„O doch! Auf meine Ritterehre, das werde ich tun."

„Ihr macht mich unglücklich, Vater! Wenn man einen

Mann liebt, kann man nicht eines anderen Mannes Ehefrau werden. Begreift Ihr das denn nicht?“

„Du liebst also diesen Ignotus? Einen Kalkbrenner! Einen Gastwirt! Einen Dieb!“

„Er ist kein Dieb, Vater!“

„Er ist es! Hat er mir auch nicht meinen Wein gestohlen, so hat er mir doch meinen Kalk gestohlen. Dieser listige Schelm hat seine Netze fein säuberlich gelegt! Als ich ihn hinausgeworfen hatte und meinen Kalksteinberg in Besitz nehmen wollte, meinen eigenen Kalksteinberg, stand da nicht sein Verwalter oder was für einen Titel der Kerl hatte, mit dem Rechtskundigen auf der einen und dem Pfarrer auf der anderen Seite da und wies den Mutschein vor, den ich unterschrieben, weil Ignotus mich dazu verlockt hatte!“

„Aber Ihr gabt ihm Euer Ehrenwort, daß er auf Eurem Gebiet Kalkstein abbauen und brennen dürfe und daß das Geld ihm gehören solle!“

„Wer hat das gesagt?“

„Er selbst.“

„So, hat er das gesagt? So vertraulich habt ihr also hinter meinem Rücken miteinander gesprochen. Da hat er wohl auch gesagt, daß er dich mit dem Geld, das er für meinen Kalk bekommt, ernähren will? Und du würdest damit vorlieb nehmen, die Ehefrau eines Kalkbrenners zu werden! Hätte ich den Mann hier, er würde auf der Stelle einen Kopf kürzer gemacht. Und wäre seine Mutter nicht so eine alte Person, so würde ich sie heute noch hinauswerfen! Und jetzt reite ich zum Grafen Huttenstein hinüber. Und du wirst seine Braut, und wenn du dich in tausend Schloßvögte vergafft hättest. Vergiß nicht, daß du die Tochter eines Grafen bist!“

„Und vergeßt Ihr nicht, daß Ihr mein Vater seid! Ihr wißt ja nicht einmal, wer und wie Graf Huttenstein ist.“

„Das werde ich noch heute erfahren.“

„Das ist nicht so gewiß.“

Der Graf stutzte.

„Wieso nicht?“

„Es heißt, daß sich der Graf noch niemandem hier in der Gegend gezeigt hat.“

„Dann werde ich der erste sein, der ihn zu sehen bekommt.“ Mit diesen Worten stelzte der Graf mit langen Schritten zur Tür. Doch als er sie gerade öffnen wollte, hielt er inne. Denn in diesem Augenblick kam der kleine Pusio von einer seiner Entdeckungsfahrten in der Umgebung der Burg zurück und schleppte ein merkwürdiges Ding hinter sich her. Es war ein langer falscher Bart von schwarzer Farbe. Pusio ließ sich auf dem Fußboden vor dem Kamin nieder und band sich den Bart um den Hals. Dann drehte er sich hin und her und begann die Hände zu bewegen, als spiele er auf einer Laute, und sperrte den Mund auf, als wollte er den Gesang des Spielmanns nachahmen.

Der Graf trat näher, um sich den geheimnisvollen Bart anzusehen, aber Pusio entwischte geschwind in den Kamin hinauf, und der Graf wußte sich in der Eile keinen anderen Rat, als die Klappe zum Abzug zu schließen. Als Pusio eine Weile in dem schwarzen Rauchfang gewinselt hatte, öffnete Bianca die Klappe, obwohl der Graf brummte, und ein jammervoller, rußiger kleiner Pusio kam heruntergerutscht. Aber den Bart hatte das Äffchen nicht bei sich. In alten Schloßkaminen gibt es viele Abzüge.

Der Graf sagte nichts weiter, doch als er sein Pferd bestieg, um sich nach Schloß Huttenstein zu begeben, mußte er an den Spielmann denken, der sich seit der Nacht, in der Bühlendorf festgenommen wurde, nicht mehr hatte sehen lassen.

Als er den steilen Weg zum Huttenstein hinaufgeritten war, der sich jetzt in ordentlichem Zustand befand, war er überrascht, wie sehr sich die alte Burg verändert hatte. Der Turm und das Schloßgebäude waren instandgesetzt, außerdem war noch ein Torturm erbaut worden, der nebst ein paar neuen Mauern und den alten Gebäuden einen kleinen Burghof umgab. Aber kein Tor öffnete sich, keine Zugbrücke wurde heruntergelassen, als das Pferd des Grafen vor der Burg halt machte. Das einzige Zeichen von Leben war die Fahne der Huttensteiner, die an ihrer hohen Stange wehte.

Graf Melchior griff zum Jagdhorn, das immer am Sattel hing, und ließ ein lautes Signal ertönen.

Nach einer Weile öffnete sich eine kleine Luke über dem Torweg, und ein Mann streckte den Kopf heraus.

„Was wünscht Ihr, Herr?"

„Ich möchte den Grafen von Huttenstein sprechen."

„Der Graf von Huttenstein ist nicht zu sprechen."

Die Torluke wurde zugeschlagen, und dort stand oder vielmehr dort saß Graf Melchior auf seinem Roß und machte ein langes Gesicht. Ja, er saß im Sattel und war verblüfft und wütend zugleich. Aber bevor er sich wieder heimwärts wandte, ritt er erst einmal um die Burg herum, und dabei hielt er sich kerzengerade, wie einer, der sich heimlich beobachtet fühlt.

Ich werde denen zeigen, daß ich mir alles in Ruhe ansehe, dachte er, aber wäre mir das in meiner Jugend geschehen, ich hätte bestimmt die Burg gestürmt!

Darauf gab er seinem Pferd die Sporen und sprengte den Steilhang hinunter.

Ja, er konnte reiten, der alte Graf!

15

Eine Brautwerbung

Sobald Graf Melchior nach Burg Huttenstein fortgeritten war, verließen zwei Personen nacheinander die Burg Hohenwart. Die eine war Bianca. Klopfenden Herzens eilte sie den Schloßhügel hinunter und folgte dem schattigen, gewundenen Weg durch das Burgtal zu der alten Kreuzfahrerkapelle.

Zu ihrer Freude fand sie dort Pater Anselm im Beichtstuhl vor. Nachdem Bianca drei Lichter am Altar angezündet und ihre Gebete gesprochen hatte, trat sie in den Beichtstuhl und vertraute ihrem alten Seelsorger die Kümmernisse an, die ihr Herz so schwer machten. Mit sanftem Lächeln lauschte der alte Pater den Bekenntnissen des lieblichen Fräuleins.

„Daß du Vogt Ignotus liebst, ist keine Sünde“, sagte er. „Herr Kalkbrenner ist ein ehrenwerter Mann, dazu fromm und gütig. Aber du bist eine Grafentochter, und es ist ein Unrecht, gegen den Willen deines Vaters zu handeln, da seine Augen fürwahr weiter sehen als die deinen, wenn es dein Wohl betrifft. Denn was man selbst gerne will, dient nicht immer dem eigenen Besten. Das göttliche Gesetz lautet: ‚Ehre Vater und Mutter, daß es dir wohl ergehe‘.“

„Aber, Pater Anselm, auf dem Geschlecht von Huttenstein ruht ein Fluch, der nur aufgehoben werden kann, wenn eine Frau einen aus dem Geschlecht liebt, der arm und häßlich ist."

Anselm hob den kleinen grünen Vorhang und lächelte Bianca zu.

„Ja, arm genug soll der unbekannte Nachkomme gewesen sein, der jetzt wieder auf seine Burg gekommen ist, nun wollen wir nur noch hoffen, daß er auch häßlich ist."

Bianca blickte verwundert auf. Scherzte der fromme Mann bei einer so ernsten Sache? Aber als sie seinen lächelnden Augen begegnete, war es, als würde eine schwere Bürde von ihr genommen. Und als sie den Beichtstuhl verließ, fiel ihr Blick auf die Worte, die in die Felswand über dem Altar eingemeißelt waren, und die Ignotus hatte vergolden lassen:

Gott will es!

Und sie neigte den Kopf, während der Pater den Segen über sie sprach.

„Gott will es! Gott will es!" flüsterte Bianca, während sie still und sinnend nach Burg Hohenwart zurückwanderte.

Graf Melchior war schon lange zu Hause, als seine Tochter zurückkam, und er war in schrecklicher Laune. Er war durch alle Gebäude gelaufen und hatte nach Bianca gerufen. Als er entdeckte, daß auch Frau Käthe verschwunden war, glaubte er zuerst, die beiden Frauen seien miteinander geflohen. Aber dann sah er in der Kemenate seiner Tochter ein Briefchen auf dem Tisch liegen:

‚Liebstes Fräulein Bianca!
Verzeiht, daß ich ohne Abschied zu nehmen, Euer Heim verlasse! Vielleicht ist es so am besten. Ihr waret so gütig gegen mich. Möge Gott Euch dafür belohnen!

Eure dankbare Freundin
Käthe.'

Der Graf las gerade diese Zeilen, als Bianca still in ihr

Gemach trat. Sie hob die tränennassen Augen zu ihrem Vater auf und sagte: „Vater, ich beuge mich Euerm Willen. Wenn es Euer Wunsch ist, heirate ich den Ritter von Huttenstein.“

Der Graf biß sich auf die Lippen. Er hatte den Huttensteiner ja nicht getroffen. Er war, um die Wahrheit zu sagen, recht unhöflich abgewiesen worden. Doch er ließ kein Wort darüber fallen, sondern verließ rasch das Gemach, wo Bianca, bestürzt über Frau Käthes plötzliches Verschwinden, sich doppelt verlassen fühlte. Und als sie vor dem kleinen Muttergottesbild niederkniete, entdeckte sie voller Schreck, daß die Öllampe, die Tag und Nacht vor dem Bild brannte, verschwunden war.

Graf Melchior hatte sich in seinem Stuhl am großen Eichentisch niedergelassen. Wie lange er dort gesessen, wußte er selbst nicht, als er bei einem schmetternden Trompetensignal auffuhr, das vor dem Vogtsturm ertönte. Es war ein Reitknecht von Burg Huttenstein, der einen Brief an den Grafen überbrachte. Der Graf riß den Umschlag auf und las mit wachsender Überraschung und Freude:

An Seine Gnaden den hochedlen Grafen Melchior von Hohenwart!

Da ich durch des gütigen Gottes große Gnade des Glückes teilhaftig geworden bin, die Burg meiner Väter in Besitz zu nehmen, und somit Nachbar des ehrwürdigen Grafen von Hohenwart geworden bin, bitte ich, da gewisse Umstände mich daran hindern, mein Schloß zu verlassen, um die Gunst, daß der Herr Graf und des Herrn Grafen Tochter mich mit einem Besuch beehren. Mit diesem Besuch verbinde ich den Wunsch, um die Hand Eurer Tochter anhalten zu dürfen, und ich würde mich glücklich schätzen, wenn mir das tugendhafte Fräulein Bianca, nachdem sie mich kennengelernt, aus freiem Willen und mit gütiger Einwilligung ihres hochgeehrten Herrn Vaters ihr Jawort geben würde.

Wollet so gütig sein und dem Boten auftragen, wann ich Euern geschätzten Besuch erwarten darf.

Untertänigst
Ulrich
Graf zu Huttenstein

Graf Melchior legte selten fromme Gefühle an den Tag, aber als er diesen Brief gelesen hatte, traten ihm die Tränen in die Augen. Er faltete die Hände und flüsterte einen Dank an den gütigen Gott, der alles nach seinem Wunsch und zum Wohl der Tochter gefügt hatte. Einen Augenblick sah er das Bild des alten Simon vor sich, der endlich den Tag des Glücks schaute, nach welchem er sich gesehnt. In diesem Augenblick wußte er ja nicht, daß ihm noch eine Prüfung bevorstand, wie wir ja in Stunden des Glücks von dem Wissen um künftige Widerwärtigkeiten verschont bleiben.

Zufrieden schmunzelnd las er den Brief noch einmal durch. „So soll es lauten, so soll es lauten“, murmelte er. Und mit dem Brief in der Hand suchte er seine Tochter auf.

16

Frau Käthes Flucht

Frau Käthe hatte an diesem frühen Sonntagmorgen zwei Entdeckungen gemacht. Als erstes hatte sie, als sie die Bettvorhänge zurückzog, auf Burg Huttenstein die Fahne wehen sehen, und als sie sich dann, um die Burg besser beobachten zu können, gegen die Täfelung in der tiefen Fensternische beugte, hatte sie zu ihrem Erstaunen bemerkt, daß die Täfelung nachgab. Ein kleiner rostiger Riegel fiel auf das Fensterbrett, und hinter der Täfelung, die sich wie eine Tür öffnete, erschien ein dunkler Gang mit steilen Treppenstufen, die nach unten führten.

In ihrer Bestürzung wollte Frau Käthe zuerst nach Bianca rufen, um ihr die Entdeckung mitzuteilen. Aber dann hielt eine angeborene Vorsicht die alte Frau davon zurück. Vielleicht bestand da ein verborgener Zusammenhang, daß sie gerade an diesem Tag den geheimen Gang entdecken sollte, den Ignotus, als er noch Vogt auf der Burg war, vergeblich gesucht hatte, den aber Bühlendorf wenigstens teilweise zu kennen schien.

Frau Käthe sollte sich dieses Zusammenhangs bald bewußt werden. Bianca hatte nämlich, als sie zu ihrem Vater hinunterlief, die Türen zur Turmtreppe offengelassen, und Frau Käthe mußte daher gegen ihren Willen das heftig geführte Gespräch zwischen Vater und Tochter hören. Sie vernahm auch die wenig freundlichen Worte, die der zornige Graf über sie selbst fallen ließ. Und in diesem

Augenblick entschloß sie sich, das Schloß so bald wie möglich zu verlassen. Sie war sich rasch darüber klar, daß sie versuchen mußte, den geheimen Gang zu benutzen, denn einerseits sagte dies der abenteuerlustigen alten Dame zu, andererseits konnte sie auf diese Weise vermeiden, daß sie den Dienern begegnete und dem Torwächter umständliche Erklärungen abgeben mußte.

Als daher der Graf weggeritten und Bianca zur Kapelle geeilt war, legte sie ihre Habseligkeiten in einem Bündel zusammen, und schrieb das Briefchen an Bianca. Aber ohne Licht konnte sie nicht in den dunklen Gang gehen. Unschlüssig blickte sie sich um. Dann fiel ihr Blick auf die Öllampe vor Biancas Marienbild. Bianca würde sie ihr sicher gern leihen. Mit einer Bitte an Gott um Hilfe und Führung trat sie in den dunklen Gang und schloß, so gut es sich machen ließ, die Tür in der Täfelung hinter sich.

Es dauerte eine Weile, bis ihre Augen sich an die Dunkelheit gewöhnt hatten. Das Flämmchen leuchtete jedoch genügend, so daß sie sich ohne Gefahr zurechtfinden konnte. Der Gang war steil und beschwerlich, streckenweise fast völlig verstopft von Staub und Spinnengeweben. Unaufhörlich schreckte das Licht Fledermäuse auf, die in den Mauerritzen festgehakt hingen. Jetzt konnte sie sich denken, was nachts in den Fensternischen spukte. Frau Käthe war eine mutige Frau, doch als der Gang plötzlich zu Ende war und ihr Fuß über einem tiefen Brunnen schwebte, da hätte sie beinahe einen Schrei ausgestoßen. Sie bückte sich und leuchtete mit der Lampe in den tiefen Schacht hinunter. Es war jedoch kein Brunnen, sondern der Weinkeller des Grafen! Sie konnte die großen Fässer sehen. Eines reichte so hoch herauf, daß sie es sicher wagen durfte, darauf zu springen. Aber was würde sein, wenn sie die Lampe fallen ließ, oder wenn diese erlosch! Da fiel ihr ein, daß sie in ihrer Gürteltasche ein Garnknäuel mit sich trug. Sie band das Garnende an die Lampenkette und ließ die Lampe auf den Boden des Kellers hinunter, bis sie festen Grund fand. Dann warf sie das Knäuel hinterher. Die Lampe beleuchtete das Kellergewölbe, und Frau Käthe sah zu ihrer Freude, daß sie ohne Gefahr auf das Weinfaß springen konnte. In ihrer Jugend hatte sie weit größere Schwierigkeiten überwunden. Das leere Faß dröhnte, als sie darauf sprang. Von hier aus war es keine Kunst, auf den Fußboden hinunterzugelangen.

Jetzt aber galt es, den anderen Gang zu finden. Bianca hatte einmal erzählt, daß ihr Vater nach Bühlendorfs Besuch im Weinkeller eine Luke mit einem Riegel vor dem Schacht hatte anbringen lassen. Im Keller befand sich nämlich ein alter Kamin, und in diesen mündete der Gang, der ins Freie führte. Den Riegel hochzuheben und die Luke wegzunehmen, war ziemlich leicht. Schwieriger war es schon, zu der Öffnung innerhalb des Schachtes hinaufzuklettern. Aber es glückte Frau Käthe, ein paar leere Fäßchen aufeinanderzutürmen, und mit der Lampe in der Hand sich in den Gang zu begeben. Sie mußte daran denken, daß dieser Gang in alter Zeit den Rittern als geheimer Weg ins Freie gedient hatte. Viele dunkle Erinnerungen spukten wohl in diesem unterirdischen Tunnel. Aber die kleine Lampe vor sich haltend, setzte Frau Käthe getrost ihren Weg fort. So gelangte sie zu dem alten Brunnenhaus und sah endlich das Tageslicht durch die Spalten der Wände schimmern. Es bereitete ihr große Mühe, die steile, wenn auch nicht sehr hohe Brunnenwand zu erklimmen. Doch da machte sie eine ärgerliche Entdeckung: die Tür nach außen war verschlossen! Im selben Augenblick erlosch die Lampe nach kurzem Flackern. Das Öl war verbraucht.

17

Im Gasthaus ‚Zum Kalkbrenner‘

In der Morgenfrühe jenes schönen Sonntags, an dem so manches Herz in Aufruhr war, befand sich Ignotus zu Pferde auf dem Weg, der vom Gasthaus ‚Zum Kalkbrenner‘ in das Burgtal führte. Die nächtlichen Nebel wichen gerade der strahlenden Frühlingssonne. Die ganze Natur war erfüllt vom Gesang der Vögel. Es versprach ein herrlicher Tag zu werden. Ignotus war auf dem Weg zum Kalkberg. Als er den Gipfel erreicht hatte, sah er, daß auf Burg Huttenstein die Fahne gehißt war. Er hielt sein Pferd an und nahm den Hut ab. Die beiden Ritterburgen boten von hier oben einen schönen Anblick. Ignotus dachte an seine Mutter und an Bianca. Er hatte sie beide lange nicht gesehen. Als er eine Runde durch seinen Kalkbruch machte, fand er dort alles in bester Ordnung. Je tiefer man in den Berg eindrang, desto besser wurde der Kalk. Aber heute ruhte alle Arbeit, und seine Leute waren im Gasthaus ‚Zum Kalkbrenner‘, das er selbst gebaut hatte, und wo er, seit er sein Amt als Vogt hatte aufgeben müssen, meistens wohnte. Wie so oft, dachte er auch jetzt an die beiden Augenblicke, die seinen Erfolg entschieden hatten: als er in der Kapelle Bianca zum ersten Mal sah, und da er den Kalkberg entdeckte und sich die ungewollte Großmut des Grafen zu nutze machte und mit dem Kalkstein Geld verdiente. Ignotus war so in Gedanken versunken, daß er das Pferd gehen ließ, wohin es wollte. Als er endlich aufsah, befand er sich in einem tiefen Tal. Hoch über ihm ragte Burg Hohenwart und gerade vor sich hatte er das alte Brunnenhaus. Er mußte lächeln, als er sich erinnerte, wie er, als Spielmann verkleidet, in der Burg des Grafen zu Gast geweilt hatte, und es ihm geglückt war, seinen alten Feind Bühlendorf zu überlisten. Hier war der Hohlweg, durch den der Gastwirt und seine Spießgesellen mit dem Karren kamen und hier . . .

Ignotus war nicht furchtsam, aber jetzt fühlte er, wie ihm die Haare einzeln zu Berg standen. Sah er Gespenster am hellichten Tag? Die Schindeln auf dem Dach des Brunnenhauses begannen sich plötzlich zu bewegen. Von unsichtbarer Hand losgerissen, flog eine nach der andern in die Höhe. Bald war ein gehöriges Loch im Dach entstanden, und durch dieses Loch schob sich vorsichtig ein Kopf heraus, ein von dichten grauen Haaren bedeckter Kopf, voll Staub und Spinnenweben, rußig und erhitzt von der Anstrengung. Das Gesicht spähte nach allen Seiten, und als es Ignotus entdeckte, begann es unbändig zu lachen. Erst jetzt erkannte Ignotus seine Mutter. Er sprang vom Pferd und eilte zu dem Dach hin, das auf zwei Seiten bis auf die Erde reichte, und in kurzer Zeit hatte er ein so großes Loch in das Dach gerissen, daß er seine kleine Mutter vollends herausziehen konnte. Wie ein Kind hielt er sie auf seinen Armen und überschüttete ihr Gesicht mit Küssen. „Mutter, meine geliebte Mutter!“ rief er. „Was für seltsame Wege geht Ihr?“

Er führte sie zu einer Quelle und half ihr dabei, sich von allen Andenken an die Wanderung durch den geheimen Gang zu befreien, während Frau Käthe humorvoll von ihrer abenteuerlichen Flucht berichtete.

„Aber warum habt Ihr nur diesen beschwerlichen Weg gewählt?“ fragte Ignotus. „Das hätte ja schlimm ausfallen können. Warum seid Ihr nicht durch das Tor gegangen? Ihr brauchtet doch nicht zu fliehen! Ihr hättet doch nach Belieben kommen und gehen können!“

„Ich wäre wohl nicht deine Mutter, wenn ich gewöhnliche Wege einschlüge“, erwiderte Frau Käthe lächelnd. Darauf berichtete sie von dem Gespräch des Grafen mit Bianca.

Ignotus lächelte. „Die Stunde ist gekommen“, sagte er. „Laßt uns gehen!“

„Wo bringst du mich hin?“ fragte Frau Käthe, als er sie mit samt ihrem Bündel aufs Pferd hob.

„Zum Gasthaus ‚Zum Kalkbrenner‘“, antwortete Ignotus.

„So sind wir schon einmal miteinander geritten“, sagte Frau Käthe sinnend, als das Pferd den Weg nordwärts durch das Burgtal trabte. „Aber da warst du ein kleines Kind, und ich war es, die dich im Arm hielt. Und wir ritten denselben Weg.“

Das Gasthaus ‚Zum Kalkbrenner‘ bestand aus vier niedrigen, mit Strohdächern bedeckten Fachwerkhäusern, die einen gepflasterten Hof umgaben. In seiner Mitte befand sich die heilspendende Marienquelle. Ignotus hatte ein schönes Brunnenhaus darüber bauen lassen. In zwei der Häuser wohnten die Arbeiter vom Kalkbruch, von denen einige mit ihren Familien lebten. Im Torhaus hatte Ignotus seine Wohnung, das vierte Haus war das Gasthaus. Als Ignotus und seine Mutter dort anlangten, ertönte vom Hof her ein frommes Lied.

„Meine Leute halten ihren Gottesdienst“, sagte Ignotus. „Sie sind alle evangelisch.“

Die Mutter nickte.

„Ich habe viele gute Menschen unter den Anhängern dieses Glaubens gefunden“, sagte sie.

„Ja“, erwiderte Ignotus, „und es sind auch gute Arbeiter.“

Ignotus band sein Pferd an das Tor und hob seine Mutter herunter. Er führte sie in eine kleine Kammer, von der aus sie einen schönen Blick auf den Hof hatte. Dort saß oder stand eine Schar Männer und unter ihnen einige

Frauen und Kinder. Alle lauschten andächtig einem alten Mann, der eine Bibel in der Hand hielt und schlicht und herzlich von der Arbeit im Weinberg sprach. Immer wieder kam der Prediger auf eine Sache zurück, die er seinen Zuhörern vor allem einschärfen wollte: Gott ist die Liebe.

Frau Käthe kamen die Tränen, als sie das hörte.

„Ja, ja“, flüsterte sie und faltete die Hände. „Gott ist die Liebe.“

Ignotus trug seiner Mutter in aller Eile ein Mahl auf. Dann machte er ihr ein Ruhebett zurecht.

„Ruht Euch erst ein wenig aus, Mutter! Ich muß wegen einer wichtigen Sache fortreiten. Aber wenn ich Euch Nachricht sende, dann legt die besten Kleider an, die Ihr habt!“

Frau Käthe sank auf das Bett. Nun, nachdem die Spannung vorüber war, fühlte sie, wie müde sie war. Die Hände in stiller Dankbarkeit gefaltet, lag sie da und lauschte dem Gesang, der vom Hof her tönte, bis ihr ein sanfter Schlummer die Augen schloß.

Ignotus hatte sich in dem äußeren Zimmer niedergelassen, um einen Brief zu schreiben. Darauf erteilte er seinen Leuten einige Befehle, schwang sich auf sein Pferd und ritt ins Burgtal.

18

Die Prüfung

Die Sonne hatte die Mittagshöhe schon überschritten, als Graf Melchior und Jungfrau Bianca sich zu ihrem Ritt nach Burg Huttenstein rüsteten. Als sie dann endlich zu Pferde saßen, konnte man sich kaum einen schöneren und stattlicheren Anblick denken. Graf Melchior trug seine Tracht aus schwarzem und rotem Samt voller Würde. Er saß auf einem schwarzen Streitroß. Um den Hals, den ein gefältelter Kragen umgab, hing die goldene Kette. Auf dem Kopf trug er ein Samtbarett mit goldenen Tressen und Straußenfedern. Das Riemenzeug des Pferdes war aus rotem Leder und mit silbernen Muscheln verziert. Fräulein Bianca ritt auf einem weißen Zelter. Sie trug ein lichtblaues Samtkleid mit geschlitzten Ärmeln, die mit silbernen Sternen bestickt waren. In ihrem offenen Haar glitzerte ein Diadem aus Gold und echten Perlen, das einen venetianischen Spitzenschleier festhielt. Die Pferde des Grafen und seiner Tochter wurden von zwei Reitknechten gehalten, und das Schloßgesinde hatte in doppelter Reihe von der Schloßtreppe bis zum Vogtturm Aufstellung genommen.

Der Graf war in heiterster Laune, doch Bianca schaute bleich und ernst drein. Der Graf wartete, bis die Fahne auf dem Burgturm gehißt war. Dann grüßte er sie mit gezogenem Schwert. Ein schmetterndes Trompetensignal erscholl, der Hengst bäumte sich wiehernd, und der Graf lachte laut auf, als das Pferd auf den Hinterbeinen tänzelte und die Leute nach allen Seiten auseinanderstoben. Sogar Bianca mußte ihrem Vater zulächeln, wie er so jugendlich mit seinem kleinen Gefolge zum Burgtal hinunterritt.

Als ihr Pferd den steilen Weg zur Burg Huttenstein hinaufkletterte, schlug Biancas Herz heftig. Aber sie versuchte alle aufrührerischen Gefühle zu unterdrücken, indem sie an Pater Anselms Worte dachte. Und immer wieder flüsterte sie: „Gott will es! Gott will es!"

Als der Graf und sein Gefolge sich der Burg näherten, wurde rasselnd die Zugbrücke herabgelassen, ein Reitknecht übernahm die Pferde und geleitete den Grafen und Bianca zur Burgtreppe. Sie betraten eine Vorhalle und wurden in einen Raum gewiesen, wo man sie bat, eine Weile zu warten.

Dieser Raum wurde offensichtlich vom Schloßvogt bewohnt. Er war mit Zeichnungen und Abrechnungsbüchern angefüllt. An einem Pult neben dem Fenster saß ein Mann und schrieb in ein Buch. Nach einer Weile wandte sich der Schreiber um und erblickte den Grafen und seine Tochter. Es war Ignotus.

Bianca wurde rot wie eine Rose und gleich darauf weiß wie eine Lilie. Der Graf biß sich auf die Lippen. „Seid Ihr hier in Diensten, Herr Ignotus oder Kalkbrenner oder wie ich Euch nennen soll?" fragte er.

„Ja, ich habe hier auf der Burg das Amt des Verwalters inne", antwortete Ignotus schlicht und nahm seine Schreibarbeit wieder auf.

„Hört!" rief der Graf. „Ich habe Veranlassung, Euch wegen einer unberechtigten Anklage aufrichtig um Verzeihung zu bitten. Ich muß es meiner heftigen Gemütsart ebenso zuschreiben wie den besonderen Umständen, daß ich Euch einmal ungerecht verdächtigte und unüberlegt entließ."

„Laßt es vergessen sein!" sagte Ignotus. „Ich stehe bei

Euch in größter Dankesschuld, vor allem wegen der Gastfreiheit, die Ihr meiner Mutter erweist."

Bei diesen Worten vergaß Bianca den eigenen Kummer über ihrer Sorge um Frau Käthe. Wohin mochte sie sich gewandt haben?

„Herr Ignotus", sagte Bianca, „Eure Frau Mutter ist aus dem Schloß verschwunden. Seit heute morgen hat sie keiner gesehen."

Ignotus fuhr auf.

„Was sagt Ihr da, Fräulein Bianca?"

„Wir haben sie überall gesucht, aber es war vergeblich. Sie kann keinen andern Weg als den durch das Burgtor genommen haben, aber der Torwächter hat sie nicht gesehen, und auch keiner von den Dienern."

„Dann muß sie aus dem Fenster gefallen sein oder sich hinausgestürzt haben! Es hat sich doch nichts ereignet? Vielleicht hat jemand etwas gesagt, was sie verletzt hat? Meine Mutter ist eine stolze Frau." Ignotus sah bei diesen Worten forschend auf den Grafen, der erregt mit seinem Schwertknauf spielte.

„Zwischen meiner Tochter und mir wurden heute morgen scharfe Worte gewechselt. Vielleicht habe ich dabei Eure Frau Mutter erwähnt. Ich bedaure es, wenn ich meine Heftigkeit oft nicht zu zügeln vermag."

Ignotus nahm seinen Hut.

„Ich bitte Euch um Entschuldigung, Herr Graf, wenn ich Euch für eine Weile verlassen muß."

Kaum hatte Ignotus das Zimmer verlassen, als Bianca auf einen Stuhl sank.

„Oh, mein Vater", seufzte sie, „welchem schlimmen Schicksal gehe ich entgegen! Vielleicht werde ich Herrin auf einer Burg, wo der einzige Mann, den ich liebe, Vogt ist! Doch bekümmert mich mein eigenes Geschick jetzt nicht so sehr wie das der armen Frau Käthe. Aber warum kommt niemand und führt uns von hier fort? Wie lange soll ich gepeinigt werden, bis ich den Unbekannten zu sehen bekomme, den Ihr mir zum Gatten auserkoren habt?"

Graf Melchior verließ die Geduld. „Laß uns weitergehen", sagte er. „Irgendwo wird Graf Ulrich wohl in dieser alten Höhle zu finden sein". Er öffnete die Tür zum nächsten Raum und zog Bianca mit sich.

Das Zimmer, in das sie jetzt traten, war voller Musikinstrumente; da gab es Pauken, Geigen, Harfen, Lauten und Schalmeien. Es schien das Musikzimmer der Burg zu sein. Über ein paar alte Noten gebeugt stand da eine Gestalt, in welcher der Graf sogleich den Spielmann erkannte.

„Nein, seht doch, ein alter Freund!" rief der Graf froh. „Dir habe ich fürwahr für einen guten Dienst zu danken. Dank deiner sitzt der Lump Bühlendorf hinter Schloß und Riegel."

„Ja, und ich hoffe, daß er in sich geht, damit er bald wieder in das Wirtshaus ‚Zum grünen Baum' zurückkehren kann."

„Um erneut Wein aus meinem Keller zu stehlen!" erwiderte der Graf lachend. „Aber ich habe jetzt vor das Brunnenhaus ein Schloß hängen und das Loch im Keller verriegeln lassen."

„Oh, ich glaube, ihm ist die Lust an solchen Streichen vergangen. Aber was für ein Anliegen hat den Herrn Grafen und das gnädige Fräulein Bianca auf diese alte Burg geführt?"

„Graf Huttenstein hat um meine Tochter gefreit", sagte Graf Melchior voller Stolz.

„Oho!" rief der Spielmann verwundert, „und sie will ihn heiraten? Liebt sie ihn denn?"

„Das Lieben kommt erst an zweiter Stelle, wenn man eine vernünftige Ehe eingehen will", entgegnete Graf Melchior in etwas abweisendem Ton. „Meine Tochter gehorcht dem Rat ihres Vaters und ihres Beichtvaters."

„Nun, ein Vater muß wohl wissen, was für sein Kind das beste ist", sagte der Spielmann ein wenig spöttisch.

„Wie ist es, seid Ihr dem Grafen Ulrich schon begegnet?"

„Nein!"

„Nein? Und da wollt Ihr ihm Eure Tochter geben?"

„Er hat schriftlich um die Hand meiner Tochter angehalten."

Der Spielmann schlug mit der Hand auf die vor ihm liegenden Noten.

„Habt Ihr Euch nicht gewundert, daß Graf Huttenstein sich noch niemandem hier gezeigt hat? Außer seinen Dienern auf der Burg hat ihn keiner zu Augen bekommen. Und denen sind die Lippen versiegelt. Er hat keinen Besuch bei Euch abgestattet, nicht einmal seine Brautwerbung hat er selber vorgebracht. Und diesem Mann, der sich den Leuten nicht zu zeigen wagt, gedenkt Ihr Eure Tochter zu geben? In alter Zeit hielten sich die hohen Herren Hofnarren. Graf Ulrich braucht keinen Narren; denn er ist selbst einer. Ich werde Euch ein Lied von dem Narren von Huttenstein vorsingen, damit Ihr nicht überrascht seid, wenn Ihr ihn erblickt."

Der Spielmann nahm eine Laute von der Wand.

„Nein, diese Laute ist zu edel für ein Narrenlied. Hier ist eine alte geborstene Fiedel, nicht gestimmt, quietschend; die dürfte besser passen!" Und während er mit einem Bogen, der nicht mit Harz bestrichen war, über die wimmernden Saiten strich, sang der Spielmann ein Spottlied auf den Grafen Ulrich:

Triefäugig ist er, schiefmäulig, widerlich, alt,
ein Buckel verunziert seine Gestalt.

Er ist reich an Schulden, doch arm an Gut,
dabei gierig auf Gold wie Drachenbrut.

Er sitzt im Turm wie ein alter Schuhu,
hat weder im Leib noch in der Seele Ruh.

Vater und Mutter hat er nie gekannt,
weder bei Bruder noch Schwester Liebe er fand.

Und niemals wird eine Frau oder Maid,
dieses Scheusal zu lieben, sein bereit.

Als der Spielmann so weit mit seinem Lied gekommen war, ertönte aus dem Raum neben dem Musiksaal lautes Geklingel.

„Verzeiht, meine Freunde", sagte der Spielmann, und warf das Instrument auf den Tisch. „Graf Ulrich ruft mich zu sich."

Als der Graf mit Bianca allein war, holte er tief Atem.

„Laß uns gehen, mein Kind!" sagte er. „Das hatte ich nicht erwartet."

Doch Bianca hielt starr ihre Augen auf die Tür gerichtet, durch die der Spielmann verschwunden war. Sie schien um sich her nichts zu sehen und zu hören. Der Graf erschrak bei ihrem Anblick. So sahen wohl die christlichen Märtyrer aus, wenn sie den Scheiterhaufen bestiegen.

„Gott will es! Gott will es!" flüsterte sie. „Er hat mich dazu ausersehen, das unglückselige Geschlecht von dem Fluch zu befreien, der auf ihm ruht. Wenn eine Frau einen Nachkommen aus diesem Geschlecht liebt, auch wenn er arm und häßlich ist, soll der Fluch von den Huttensteinern genommen werden. So sagte einst der alte Mönch, als der Ritter ihn verhöhnte."

Der Graf nahm seine Tochter beim Arm und schüttelte sie.

„Du bist von Sinnen, Bianca! Komm sofort mit! Ich befehle es dir."

Aber Bianca riß sich von ihrem Vater los, der sie mit sich zerren wollte.

In diesem Augenblick wurden von zwei sich verneigenden Edelknaben die Türen zum Rittersaal geöffnet, und vor ihnen stand mitten im Saal Graf Ulrich von Huttenstein.

19

Frau Käthe fährt im Wagen fort

Ein Sonnenstrahl drang in die Kammer der Wirtschaft ‚Zum Kalkbrenner' und weckte Frau Käthe. Sie erhob sich verwirrt und sah sich um. Auf einem Stuhl neben der Tür saß ein junges Mädchen in der Tracht, wie sie die Bauernmädchen am Feiertag anzulegen pflegten. Sie stand auf und verneigte sich verlegen errötend.

„Wer bist du?" fragte Frau Käthe.

„Ich bin Gretel", sagte das Mädchen.

„Und warum bist du hier?"

„Herr Kalkbrenner hat sagen lassen, daß ich seine Mutter bedienen soll."

„Wohnst du hier?"

„Ja, mein Vater ist Verwalter in der Kalkbrennerei."

Jetzt entdeckte Frau Käthe ein Kleid aus perlgrauem Samt mit gefälteltem Kragen, das über einem Stuhl hing.

„Wo kommt das Kleid her und für wen ist es?" fragte Frau Käthe.

„Es ist für Euch gemacht worden, werte Frau", sagte Gretel. „Herr Kalkbrenner hat an meiner Mutter Maß nehmen und sie anprobieren lassen, er meint, es müsse Euch passen, und ich sehe, daß es das tut."

Frau Käthe traten die Tränen in die Augen.

„Mein lieber Sohn", sagte sie.

Mit Gretels Hilfe zog sie das Kleid über, das ihr ausgezeichnet stand. Aus dem Bündel, das sie aus Burg Hohenwart mitgenommen hatte, holte sie eine Samthaube mit feinen Spitzen sowie einen alten Familienschmuck hervor.

Als sie fertig angekleidet war, war Gretel so entzückt, daß sie sich vor ihr verneigte. „Ihr seht wie eine Edelfrau aus", sagte sie.

Im gleichen Augenblick ertönte auf der Straße Wagenrollen, und als Frau Käthe aus dem Fenster blickte, sah sie vor dem Tor einen geschlossenen Wagen halten.

Gleich darauf trat ein junger Mann ein und überreichte Frau Käthe einen Brief. Es waren nur wenige, in aller Eile geschriebene Zeilen:

Meine gute Mutter!

Ich hoffe, daß Euch das Kleid paßt. Zieht es an und steigt sodann in den Wagen. Alles weitere wird Bernhard Euch sagen.

Euer Sohn.

„Wer ist Bernhard?" fragte Frau Käthe.

„Das bin ich", sagte der junge Mann, der den Brief übergeben hatte.

„Und was habt Ihr mir zu sagen?"

„Daß Ihr so gut sein möchtet, im Wagen Platz zu nehmen."

„Und wohin wollt Ihr mich fahren?"

„Zu Eurem Sohn."

„Aus Euch wird man nicht klug. Aber wie der Herr so der Diener. Nun, ich muß ihn ja kennen, ich habe ihn ja selbst zur Welt gebracht. Dann laßt uns also gehen! Leb wohl, kleine Gretel!"

„Herr Ignotus hat mich als Eure Kammermagd gedungen. Wenn Ihr mich haben wollt", fügte das Mädchen hinzu und wurde wieder rot.

„Das will ich sicher, kleine Gretel. Dann wollen wir uns also aufmachen. Die Abenteuer scheinen heute kein Ende zu nehmen."

Bernhard hielt die Wagentür auf und half Frau Käthe in den Wagen. Gretel kam mit einem kleinen Schrein in der Hand hinterdrein. Darauf schwang sich Bernhard auf den Bock, und der Wagen rollte dem Burgtal zu.

20

Im Rittersaal auf Huttenstein

Als sich die Türen zum Rittersaal öffneten, blieben Graf Melchior und seine Tochter eine ganze Weile sprachlos stehen. Es fiel ihnen anfangs schwer, den stattlichen jungen Mann zu erkennen, der ihnen in dunkelblauer Rittertracht von altem Schnitt, mit einem Degen an der Seite und einem Barett in der Hand höflich entgegentrat.

„Das ist ja Ignotus!“ rief Bianca.

„Das ist ja der Spielmann“, stammelte Graf Melchior.

„Nein, jetzt ist es nur noch Ulrich von Huttenstein, der hiermit bei Graf Melchior von Hohenwart ergebenst um Fräulein Biancas Hand anhält.“

Die beiden Männer umarmten sich. Darauf nahm der Graf seine Tochter bei der Hand und führte sie Ulrich zu.

„Ihr müßt sie schon selbst fragen. Ich habe heute allerhand Lehren erhalten.“

Graf Ulrich verbeugte sich vor Bianca.

„Brauche ich zu fragen?“ sagte er.

Bianca sah zu Ulrichs Gesicht auf. Ihr Blick sagte beredter als Worte, welche Antwort ihr Herz ihm gab.

Langsam beugte Ulrich das Knie und küßte ihr die Hand.

In diesem Augenblick ertönte auf dem Hof ein Trompetensignal.

„Meine Mutter!“ rief Ulrich und verließ rasch den Saal.

Dem Grafen und Bianca fiel es anfangs schwer, sich an den Gedanken zu gewöhnen, daß Frau Käthe ja Gräfin von Huttenstein war, und als es dem Grafen klar wurde, wünschte er, er hätte heute morgen eine gewisse Dame etwas anders betitelt.

Aber als Ulrich mit seiner Mutter in den Saal trat, gingen alle die unangenehmen Erinnerungen an die Vergangenheit unter in der Freude, die nach den vielen spannenden Ereignissen diese vier glücklichen Menschen vereinte.

Die Abendsonne leuchtete durch die Fenster des alten Rittersaals, bevor man sich von der großen Überraschung so recht erholt hatte. Die Stimmen der Alten und der Jungen tönten durcheinander, und die Erinnerungen an die vergangenen Jahre lockten Tränen und Lachen hervor.

Als die Dämmerung hereinbrach, wurde ein Holzfeuer im offenen Kamin angezündet, und nach dem Mahl, bei welchem der Graf die Verlobung Ulrichs von Huttenstein und Biancas von Hohenwart verkündete, mußten Ulrich und seine Mutter viel von ihren bitteren Wanderjahren erzählen, die voll Mühen und Entbehrungen gewesen, bis sich das Blatt gewandt hatte.

„Es war in der alten Kreuzfahrerkapelle, als ich Bianca begegnete und in meinem Leben die Sonne aufging“, sagte Ulrich. „Aber wir säßen jetzt nicht hier beieinander, wenn mich meine gute Mutter nicht gelehrt hätte, die Arbeit als des Mannes höchste Ehre zu lieben, und wenn mir ein Graf nicht so leichtsinnig einen ganzen Kalkberg geschenkt hätte.“

„Und auch das geschah wohl durch höhere Lenkung“, meinte Frau Käthe.

„Oder als Antwort auf die Gebete einer frommen Mutter“, sagte Bianca und drückte die Hand der Freundin.

„Ewig schade ist es, lieber Ulrich, daß du heute zwei so tüchtige Kerle wie Ignotus Kalkbrenner und den Spielmann umgebracht hast“, rief Graf Melchior und hob lachend seinen Becher.

„Oh, keine Angst, die werden schon als Gespenster umgehen", erwiderte Ulrich und stieß kräftig mit seinem Schwiegervater an.

„Ja, das fürchte ich auch", sagte Ulrichs Mutter.

„Da ist nichts zu fürchten", meinte Graf Melchior. „Ulrich hat auch mich die Arbeit lieben gelehrt. Ohne seine Hilfe wäre ich ein alter weintrinkender Narr geblieben. Jetzt bin ich mein eigener Burgvogt, und ein ganz leidlicher, wenn ich das von mir selbst sagen darf."

„Und wißt dabei nicht, wie Ulrichs Mutter aus der Burg herauskam", neckte Bianca, welche die Geschichte schon gehört hatte.

„Nein, das weiß ich nicht, aber von der Mutter eines dreifachen Doppelgängers kann man ja alles mögliche erwarten."

So ging das muntere Gespräch weiter, bis die Frühlingssterne zu leuchten begannen.

Graf Ulrich geleitete seine Gäste bis zum Tor von Burg Hohenwart, während Frau Käthe in der Kemenate zur Ruhe ging, die Ulrich seiner Mutter auf Burg Huttenstein hatte einrichten lassen.

21

Ulrich und Bianca

Die Glocke der alten Kreuzfahrerkapelle läutete, auf den Türmen und Zinnen der beiden Ritterburgen wehten die Fahnen, und durch das Burgtal bewegte sich ein Hochzeitszug. Die Wege waren von zahlreichen Menschen gesäumt, die in festlicher Stimmung an der Freude der beiden jungen Menschen teilnahmen. Unter denen, die an diesem Tag froh gestimmt waren, befanden sich auch Bühlendorf und seine Knechte. Ulrich und Bianca, die wünschten, daß keine Erinnerungen ihr Glück trüben sollten, hatten die Freilassung der Weindiebe bewirkt, und Ulrich hatte in seinem alten Widersacher einen Freund fürs Leben gewonnen, als er ihn wieder in seine Würde als Wirt einsetzte.

Von Burg Hohenwart her donnerte das Salutschießen der alten Feldgeschütze, die lange geschwiegen hatten und die vor Freude schier in Stücke sprangen. Aber einer hatte keine Freude an dem Salut, und das war Pusio, das Äffchen. Als Bianca die Burg verließ, hatte man ihn in ihre Kemenate gesperrt. Er saß im Fenster und sah dem bunten Treiben im Burghof zu. Als aber die Kanonen loszudonnern begannen, sprang er vor Schreck jedesmal in die Luft. Er mußte hinaus, er mußte zu Bianca! Doch die Klappe im Kamin war zu, so daß er nicht durch den Rauchfang hinausklettern konnte. Er versuchte es mit dem Fensterhaken. Aber eine kleine Affenpfote hat nicht so

viel Kraft wie eine Menschenhand, und der Burgturm war zu hoch, als daß er hätte hinunterspringen können.

Pusio wäre nie auf eine Hochzeit gekommen, hätte Bianca nicht ihr Taschentuch vergessen. Als die Kammerdienerin die Tür öffnete, um es zu holen, entwischte er, ohne daß es jemand merkte. Wohlweislich hielt er sich etwas im Abstand, als der Festzug durch das Burgtor zog. Er hüpfte in den Wald und sprang dort von Baum zu Baum neben dem Zug her. Als man bei der Kreuzfahrerkapelle anlangte, mußte der größte Teil der Hochzeitsschar draußen bleiben. Doch hörten alle die schöne Ansprache, die Pater Anselm dort drinnen hielt. Er sprach über das Losungswort der Kreuzfahrer: ‚Gott will es' und wie dieses junge Paar nach seltsamen Schicksalen und Abenteuern zueinander gefunden habe.

Plötzlich entstand in der Kapelle große Unruhe; Pusio hatte nicht länger warten können. Er sprang über die Schultern der Männer und die Köpfe der Frauen hinweg, bis er zu Bianca gelangt war. Wäre Pater Anselm nicht so ein guter Freund von Menschen und Tieren und Ulrich nicht der Edelmann gewesen, der er war, dann hätte der kleine Pusio wohl eine harte Strafe empfangen, so aber wurde er nur ausgelacht; denn keiner wußte ja, wie schwer es ihm fiel zu begreifen, daß von jetzt an ein anderer den ersten Platz im Herzen seiner Herrin einnehmen sollte. Aber Pusio kümmerte sich nicht um das Lachen der Leute. Ihm war es genug, daß er auf Biancas Schulter sitzen durfte, und als Ulrich den Ring an Biancas Finger steckte, holte Pusio vorsichtig das Tuch aus Biancas Gürteltasche und legte es um Graf Ulrichs Hals. Und das fanden vor allem die Frauen so rührend, daß vielen, die eben noch lachten, die Tränen in die Augen traten.

Am Abend wurde auf Burg Hohenwart ein Fest gefeiert, wie man seinesgleichen noch nie geschaut hatte. Es war, als sei mit Graf Ulrich eine neue Zeit in das Burgtal eingekehrt. Ein Edelmann, der Reitknecht, Schloßvogt, Kalkbrenner und Spielmann in einem gewesen war, hatte Freunde bei hoch und niedrig gewonnen, ja er hatte sogar seine alten Feinde erobert. Und jetzt waren sie zum Fest geladen, die vielen, die in den arbeitsreichen Jahren im Burgtal seine Gefährten gewesen oder seine Freunde geworden waren. Sie waren alle zugegen, vom Stallknecht bis hinauf zum Verwalter der Kalkbrennerei. Ja, sogar Bühlendorf war da und konnte heute den Wein des Grafen ohne Gewissensbisse genießen, wozu man ihn nicht einmal zu zwingen brauchte.

An diesem schönen Sommerabend waren die Tische im Freien, im Burghof gedeckt. Auf der Burgterrasse saßen das Brautpaar, Pater Anselm, Graf Melchior und Frau Käthe. Und an allen Tischen sprach man nur davon, welch schöne Braut Bianca, wie stattlich Graf Ulrich sei, und die Geschichten über den Vogt Ignotus, den Herrn Kalkbrenner und den Spielmann, worin alle Gäste irgendwie verwickelt waren, wollten kein Ende nehmen. Frau Käthes Flucht durch den unterirdischen Gang wurde mit haarsträubenden Einzelheiten ausgeschmückt, und Bühlendorf tischte phantastische Geschichten auf, um zu beweisen, daß das alles eigentlich sein Verdienst sei, was ja auch irgendwie stimmte.

Als Ulrich mit Bianca anschließend nach Italien reiste, leistete Frau Käthe dem Grafen auf Burg Hohenwart Gesellschaft. Sie hatte dort so viele liebe Erinnerungen an die Zeit, da sie Biancas Freundin und Turmgefährtin gewesen, daß sie gern ihr Gemach mit Biancas Kemenate vertauschte. Und so lange Graf Melchior lebte, blieb sie als Hausherrin auf Burg Hohenwart, wo sie von allen geliebt wurde. Doch mußte sie fest versprechen, niemals mehr den geheimen Gang zu benutzen. Der Sicherheit wegen ließ Graf Melchior an der Tür in der Fenstertäfelung ein starkes Schloß anbringen. „Denn es könnte ja sein, daß jemand von der andern Seite kommt und Euch entführt“, scherzte er.

Die beiden alten Leute, die an den langen Winterabenden gern zusammen am Kamin saßen, brauchten sich bald nicht mehr über Einsamkeit zu beklagen. Im Laufe der Jahre kam eine ganze Reihe kleiner Huttensteiner zur Welt. Die Mädchen waren schöne, folgsame Kinder, wie Bianca es gewesen war, aber die Knaben waren wilde Burschen mit dem Abenteurerblut ihres Vaters in den Adern. Doch gewöhnte der Vater sie bald ans Arbeiten. Wo auf Huttensteinschem Gebiet Wald überhand genommen hatte, wurde alsbald durch Rodung Land für Felder und Wiesen gewonnen. Die Kalkbrennerei erwies sich als eine nie versiegende Geldquelle, und durch Graf Ulrichs Tatkraft und Unternehmungsgeist blühte überall im Burgtal der Wohlstand auf. Wenn die Leute in dieser Gegend ihre Kinder aufzogen, sagten sie oft zu ihnen: „Werdet arbeitsam wie Graf Ulrich und gütig wie Gräfin Bianca!“

Der Fluch aber, der jahrhundertelang auf dem Geschlecht der Huttensteiner gelegen, war gewichen, als Bianca, ohne an ihr eigenes Wohl zu denken, ihr Leben einem Huttensteiner geweiht hatte und dabei der Losung der Kreuzfahrer folgte: ‚Gott will es‘.

In der Reihe J in der Edition C sind bisher erschienen:

Dorothea Hollatz

TAU UND TRÄNEN DER FRÜHE

Geschichten um Kinder
Edition C, Nr. J 1, 84 Seiten

Geschichten um Kinder von der Autorin des Buches »NUR DURCH EINE TÜR GETRENNT« (Edition C, Nr. E 14). Kleine literarische Kostbarkeiten.

Hermann von Kaltenborn

DIE WEISSE KAKTUSBLÜTE

und andere Erzählungen
Edition C, Nr. J 2, 152 Seiten

Dieses Buch enthält vier Erzählungen: »Die weiße Kaktusblüte«, »Die Flucht aus dem Kadettenhaus«, »Das Geheimnis der Indianerin« und »Rico, der Adlerjäger«.

Karin Kuretschka

ALS DIE FRIEDENSTAUBE DIE ERDE VERLIESS

Edition C, Nr. J 3, 60 Seiten

Was ist passiert? Warum tritt plötzlich Noah vor der UNO auf? Warum schließen sich die Computer der Erde zusammen? Wo ist das Nest der Friedenstaube? Eine außergewöhnliche Erzählung.

Elfriede Rotermund

DIE CHRISTGLOCKE DER HALLIG

Weihnachtserzählungen
Edition C, Nr. J 4, 80 Seiten

Die Verfasserin versteht es meisterlich, nicht nur die Landschaft und ihre Menschen zum Reden zu bringen, sie verfügt auch über die feine Kunst, jene Töne zu neuem Leben zu erwecken, die im alltäglichen Leben so leicht verloren gehen.

Axel Hambraeus

DER BURGVOGT VON HOHENWART

Edition C, Nr. J 5, 96 Seiten

In dieser Erzählung schildert der Verfasser die Geschichte eines Streites zwischen zwei verfeindeten Burgen im Mittelalter und ihrer Versöhnung

Verlag der Francke-Buchhandlung GmbH
3550 Marburg an der Lahn